CONTENTS
もくじ

inistry
ニストリー

特集 教会が教会であるために 声にならない声に訊《き》け

特集　教会が教会であるために

声にならない声に訊け

創刊15周年を迎えた雑誌「Ministry」は2009年以来、「牧師館からの〝SOS〟」（第3、8号）、「ダーリンは牧師さん」（第19号）、「ボクシたちの失敗」（第28号）などの特集を通じて、安倍晋三元首相の銃撃事件で「宗教2世」が注目されるより前に、教会内の牧師家庭をめぐる諸問題に注目してきた。時を経て、LGBT、ジェンダーや性差別、ハラスメントをめぐる議論が一般メディアでも耳目を集めるに至り、教会の内情が改善してきたとは思えない。地方教会で奮闘する次世代の牧会者を応援したいという当初の志に立ち返り、コロナ禍の危機を経てなお教会内外に蔓延する「声にならない声」に今一度耳を傾けたい。

鬱、性暴力、虐待、いじめ……。「感謝と喜び」を旨とする教会では語りにくい、過酷な現実を生き抜いた〝証し人〟は、神と自身と信仰とどう向き合ってきたのか。勇ましい賛美歌の代わりにささげたい、サバイバーたちの鎮魂歌。

サバイバーたちの鎮魂歌《レクイエム》 01

傷だらけの信仰

性被害と人間不信を体験した女性が、それでも信仰を手放さなかった理由とは。

羊野めぇこ。

ひとりぼっちが当たり前の小学生

未信者だった小学生の頃。私は「友だち」と呼べる人は誰もいない、ひとりぼっちの女の子でした。女の子のグループに話が合わなくてまったく入れず、人との間に見えない壁が常にあるタイプでした。

小学校高学年になると、容姿の悪口をクラスの男女に言われ始め、ひとりぼっちの私には味方もおらず、言われれっぱなしになりました。抵抗しない私は、クラスメートたちにとって、勉強や日々のストレスを発散する最適のサンドバッグでした。

家に帰ると真っ先に泣くのが日課でした。私って、誰からも友だちって思ってもらえないんだ……私の顔って、皆から指をさされるほど醜いんだ……と、虚《むな》しさと恥ずかしさでいっぱいでした。

この頃は「不登校」という言葉を知らず、学校は行くものだと思っていたので、明日はズル休みしよう！と、親にウソをついて休みながら、なんとか通っていました。

自己肯定感の低い私が性被害を受けて考えたこと

　すっかり自分に自信を無くしていた私は、オシャレをするのも恥ずかしいと思い、いつも男の子みたいな格好をしていました。ですがあの日だけは違いました。合唱コンクールの練習をして下校したため、衣装のスカートを着用したままでした。久しぶりの女の子らしい格好に、ワクワクしたのを覚えています。

　気分良く笑顔で自宅のアパートに着いた時、青年に話しかけられました。「この場所ってどこかな？」と片手で分厚い本を開いてきたので、本をのぞきました。すると、本の中にはカッターナイフを握りしめたもう片方の手があり、私は声のない悲鳴が出ました。青年は私が状況を把握したとわかると、手をつないで人気《ひとけ》のない倉庫へ連れて行き、そのまま私を強姦しました。皮膚が切り裂かれた痛みで、性行為は苦痛の塊だと思いました。

　行為中、痛みに耐えながら何を考えていたのかというと、殺されたらどうしようという恐怖ではなく、誰からも友だちと思ってもらえず不細工な私がターゲットにされたのはなぜだろう。顔がかわいい子がされてしまうものだと思ってた……神様は何でこういう体験ばかり私にふってくるんだ！　可愛い格好だってもうしたくない！　クラスのいじめられっ子に選ばれたり、今度は犯罪者からも選ばれてしまった！　マイナスなことばかりに選ばれてしまう！　なんでだ!?　ということについてでした。

　まだクリスチャンではなかったけど、神様へ激しく問う気持ちがありました。その後、奇跡的に殺されることはなく解放された私は、家にいた母親に抱きついて、嫌なことばっかり！と泣き叫びました。この時点で、学校でも人間関係につまずき、外でも犯罪に巻き込まれて、家族以外誰も信じられなくなっていました。

人間不信の中で出会った神様の言葉

　人間不信の悪化によって、中学校には通うことができなかった私は、2年半フリースクールで過ごしました。しかし、通うにはバスに乗る必要があったのですが、バスで同級生とばったり会った時に大声で悪口を言われ、周りの乗客からは同情の目、しかし誰も助けてくれない出来事があり、それ以降は公共の乗り物にも乗れなくなりました。

　娘の将来を心配した両親が引っ越しを決意してくれて、高校からは誰も私のことを知らない、新天地で再スタートしました。両親のこの決断を無駄にできないと思い、高校ではひとりぼっちの過去、男性恐怖症のことは一切伏せて、順風満帆に生きてきた明るい女の子を演じました。人生をやり直したかったのです。とは言いつつも、人間不信は継続していて、誰のことも信じていませんでした。怖くて、学生服のスカートをはくのも、「友だち」を作ることにも苦労しました。

　2年生の時、一度クラスメートのクリスチャンの子に誘われ、教会に行きました。そこで聖書をもらったのですが、生きていて一度も助けてくれなかった神様に親近感が湧かず、聖書は押し入れにしまいました。その後、教会へ導いてくれたクラスメートにとって私は「友だち」ではなく「勧誘相手」にすぎないと気づいてうんざりしてしまい、勢いよく距離を取りました。一度弱い自分を解放して何かにすがってしまったら、過去の記憶で心が押しつぶされて、今度こそ立ち上がれなくなる。だから宗教に自分を巻き込まないでくれ。精いっぱいの反抗でした。

　その勢いのまま専門学校へ進学して、過去を思い出さないことが前向きに生きる秘訣《けつ》と思っていた私に、次に訪れたのは、またしても最悪な出来事でした。父の実家に墓参りで訪れた際に祖母から言われた「あんたが生まれたのは失敗だったんやなぁ」という言葉です。きっと不登校だったこと、犯罪に巻き込まれて傷モノになったことを知っての発言でした。そしてその言葉に反論しない両親の姿を見た時に、心底がっかりしました。祖母の言葉遣いの荒さは昔からで慣れたものでしたが、今までの自分の人生を見守っていてくれたはずの両親は「娘は失敗なんかじゃない」と否定してくれませんでした。

　いじめと強姦経験で首の皮一枚で保たれていたメンタルは簡単に崩れました。味方は外にも家にもいないのか？　否定しないで愛してくれる人はいないのか？　もう居場所なんてない、自殺してしまおうと考えて部屋で泣いていた時、ふと、教会で言われた「神は愛なり」の言葉を思い出しました。ああ、腹が立つ。思い出して、怒りながら押入れから、高校生の時にもらったほこりまみれの聖書を取り出して声に出して言いました。「本当にあんたが愛の神様なら、私に愛を示してみろよってんだ！」これが、初めて私から神様に話しかけた瞬間でした。そこでパッと開いた箇所が、コリント人への手紙第一12章の「あなたがたはキリストのからだの各器官なのです」の箇所でした。この箇所は信徒たちに向けた言葉であって、未信者の私宛でないことは洗礼後に知りました。しかし、未信者だった私はその箇所から「あなたは私（神様）の一部なんだよ、欠けてはならない存在なんだよ」と言われた気がして感動しました。

　愛の神様が、欠けてはならない存在と認めてくれた。声をかけたらすぐ返事をくれたということは、神様が存在し、愛してくれている証拠だと感激し、音信不通になっていたクラスメートに電話をかけ距離を取ったことを謝罪し、来週から教会へ行くと宣言しました。

「でも、神様はいる」確信は教会内の「人間くささ」から

　愛の神様を信じる人生に切り替えたい！　最後の砦《とりで》、神様を信じてダメだったらその時は本当に死んで人生を終わらせてしまえばいい。思ったらすぐに行動に移しました。あれほど落ち込んでいた心が、聖書一つで変わるなんて自分でもびっくりでした。

　教会は田舎にある信徒10名ほどの小さな教会で、私が聖書を持って礼拝に行くと、久しぶりの再会を喜んでくれました。その教会には今も感謝しています。教会に足を踏み入れたばかりの私は、心に棘《とげ》ばかりを抱えたサボテンで、言葉も荒く、すぐ怒り、泣き、それはまぁ荒々しい人間でした。現在もこうして生きて信仰を持ち続けていられるのは、当時親身に御言葉を教え、祈り、家族のように温かい食事と会話をしてくれた牧師夫婦と信徒たちのおかげであることは間違いありません。特に、私は牧師先生の背中を見て、現在も続く「信仰の軸」を整えてもらったと感じています。

　ただ、教会は「人の集まり」であり「清

い人間関係の集まり」ではないと教えてくれた場所でもありました。

　神様の言葉を守って生きようとする人の集まりではありますが、人は人です。教会の外と同じ、どうして？な、人間関係を体験しました。礼拝メッセージでは、ささげ物を受け取る神様は心を見ておられると言っていたのに、私はCS（教会学校）教師奉仕でも、賛美リード奉仕でも、ゴスペルフラダンスの奉仕でも教会内のメンバーから「技術が足りない」「これでは人が来ない」「なんで上手い私ではなくあなたがこの奉仕をするんだ」と、否定的なことばかり言われました。

　私は心を込めていました。それなのに、誰も私の心を見てないじゃん（笑）!?　神様が喜んでくだされば、奉仕は100点……だよ……ね？　心の中は、礼拝メッセージの内容と、先輩信徒から受ける言葉のギャップに、もう教会につまずきそうになっていました。

　しかし不思議なもので、毎週礼拝に行き御言葉を聴き、愛の神様を信じていくんだという気持ちが固まってから、以前のように底辺まで落ち込むことがなくなっていることに気づきました。そしてクリスチャンから受けるひどい言葉で、神様を信じるのをやめようとは思えなかったのです。今の自分は聖書の言葉を信じようとしているんだ、明日明後日でコロッと意見の変わる人間の言葉を受け止めすぎてはいけないんだな、世の中で生きていても、教会の中で生きていても、人同士が向き合えばめんどうくさいことが起きるんだ、どっちに属してても「人間くささ」は変わらないんだと学びました。

　私は最初クリスチャンになった時、教会に行けば、今までの人生で起こったような「辛《つら》い人間関係」から解放されると思っていましたが、それはまったくの誤解でした。教会の中にいるのは人間なのですから。クリスチャンであっても、それは神様ではなく人間なので、めんどうくさいことは必ず起きるんですね。

　ヨハネの福音書の冒頭に「神はことばであった」とありますが、自分の人生において神様（御言葉）が土台になり始めた時、どんな複雑な人間関係にぶち当たっても、底辺まで落ちることはない。これを、クリスチャンの人間くささを目の当たりにしてから受け止められるようになりました。土台になってくれた御言葉には力があると喜べた時、「でも、神様はいる」の信仰になり、20代前半まで続いたひどい人間不信が回復し始める転機となり、洗礼も受けられました。

信仰生活を続けた先に与えられた神様からの応答

　神様を信じて生きていこうとスタートしてから数年がたち、神様は人と人との間で働かれると学び、今度は人間関係の回復に集中したいと諭されました。毎週礼拝に行き、愛の神様はどんな性格の方なのかを知りながら祈りました。

　そのうちに、男性恐怖症からの回復と幸せな家庭を築きたいという思いが大きくなってきて、次第に愛される女性になること、母になることへの祈りが増えていきました。教会の中では、同じ価値観をもったクリスチャンの異性と結婚しなさいと言われていたので、クリスチャンホームが与えられるよう祈っていました。

　しかし、信仰を持ち始めて6年ほど過ぎた時、運命の出会いがありました。初めて手が触れても恐怖を感じず、過去の経験をすべて受け入れてくれて、女性として見てくれる現在のノンクリスチャンの夫との出会いでした。夫は、信仰によって今の私は立っていられるということを十分理解してくれる人でした。そして何より心が喜びにあふれたのは、かつていじめられっ子であり、容姿がひどいと罵《ののし》られてきた私を女性として愛してくれたことでした。愛する人の前で美しくなりたい、と、性被害後におびえていたオシャレがもう一度できるように変化しました。

一番伝えづらかったのは、性行為ができないことでしたが「性欲を満たすために付き合うんじゃない」と抱きしめてくれました。私はノンクリスチャンの夫の中にも「愛」があって、その愛とは、神様、あなたですね、と涙が出ました。夫と向き合うたびに、人と人との間で働かれる神様を感じることができました。男性＝犯罪者というイコールが頭の中から消え、恐怖症を克服することができました。

この経験から、クリスチャンホームへのこだわりは結婚において重要ではないと思いました。神様は、どんな環境、立場の者をも救うお方であり、かつて未信者だった私にもその場で返事をくれた方です。クリスチャンホームの中でしかご自身の栄光を表すことができない神様は本物ではないとさえ思います。私とノンクリスチャンの夫の中で育っていく愛の中に、今も確かに神様はいてくださっていて、自然に神様への感謝が湧き起こっているのです。

また結婚後、改めて病院で不妊であることを知り、「子どもを授かり母になること、それだけは断念ということですね？」と祈る中で、示された答えがありました。それは、お腹を痛めて産むだけが母親ではないよ、ということでした。

教会学校の奉仕をした時、職場の児童デイで障がい者の子どもたちと触れ合った時、ボランティアで絵本を届けた時、そこに「育児」がありました。ハッとしました。社会参加を通じて、母親にもなれると神様が教えてくれたのです。

神様は、祈った通りにお与えになる方ではなく、祈ったことへの応答を、最善の形で与えてくださる方なんですね。信仰を持ってから、このような「気づき」が日々起こり、気づきが過去の出来事への許しや、前向きな価値観へ変化させてくれています。小さいですが、確実に変化しています。人間関係の回復は、今まさに真っ最中です。おばあちゃんになる頃までかかってもいいです。ゆっくり回復していきたい。今の私には神様のおかげでそんな余裕があり、感謝です。こうやって生きていく姿を、夫や両親、出会っていく人々に示していけたら嬉しいです。

10代の時に感じた「マイナスなことばかりに選ばれる人生」はもうありません。落ち込んでも、それは「底辺」ではありません。神様（御言葉）は生きていて、それが土台ならきっと大丈夫だよね。今は「プラスなことを選択する人生」に切り替えられています。これが、私が信仰を手放したくない理由と言えるでしょう。

サバイバーたちの鎮魂歌《レクイエム》 02

それでも人生は続く

ある日、教会が解散した。
たたきこまれた牧師の呪縛に、
もがきあらがい続ける青年の逃避行。

河島 文成

悪夢から逃れられない

「この奉仕、今週中に終わらせて」

牧師が言う。

「終わったら報告するように」

「はい」

私は不本意ながら答える。思考が上手くはたらかない。

「クリスチャンは誰よりハードワーカーでなければならない。イエスも弟子たちも休む暇がなかったのだから、私たちが休んでいいはずがない」

というのは牧師の口癖だ。何度聞かされたか分からない。

私たちスタッフは「神の国拡大」のために日々忙しく働いている。タイムカードはない。勤怠記録もない。雇用契約もない。時給換算したら最低賃金を大きく下回る。しかしそんなの「この世のわずらい」だ。神のために働く栄誉に比べたら取るに足らない。そう考えていた。

「メールには可能な限り早く返信しなさい」

「ミーティングは万障繰り合わせて参加す

るように」

「牧師の時間を無駄にするんじゃない」

「牧師に人格的な問題があったとしても、神によって立てられた権威なのだから従いなさい」

それらの言葉は囲いだった。私たち羊は閉じ込められてどこにも行けない。そのくせ「クリスチャンは自由だ」とも言われる。緑の牧場は一体どこにあるのだろうか。

「この奉仕、今週中に終わらせて」

牧師は当然のように言う。

「終わったら報告するように」

「はい」

私は不本意ながら答える。

そこで目が覚める。夢だった。私はもう囚《とら》われていない。しかし安心したのも束の間、こんな悪夢を一体いつまで見続けるのだろう？　と半ば絶望する。

2012年に教会が解散して12年が経つ。頻度は減ったものの、いまだに当時の夢を見る。夢の中の牧師と私の関係が当時のままなのが文字通り悪夢だ。支配する者とされる者。牧師のウソと不正と虐待が発覚し、決別した今も、その関係を追体験させられるのが腹立たしい。一時は毎晩のように悪夢が続き、寝るのが嫌になった。眠ったらおしまいだ、なんて『エルム街の悪夢』みたいじゃないか。

正直、教会を離れて清々している。またどこかの教会に定着しようとは思わない。礼拝は行ったり行かなかったり。聖書は読まない。祈らない。賛美は気が向いたらカラオケ感覚で歌う。それでも神を信じている感覚はある。信仰など捨ててしまった方が楽かもしれない。しかしそう簡単には割り切れない。そうして「答え」が分からないまま、12年が過ぎてしまった。

今は看護師として障害福祉の分野で働いている。経済的に安定し、教会員だった頃の極貧生活とは雲泥の差だ。当時は国民健康保険も国民年金も払えず、役所に免除申請していたほどだ。空っぽの預金通帳を担当者に見せるのは恥ずかしかった。ちゃんと働けるし、実際休みなく働いていたけれど、「神のために貧乏するのはクリスチャンとして本望だ」と教えられて信じていた。

今は経済的に安定したとはいえ、失ったものは戻らない。私が教会生活を送っていた約20年の間に、看護学校の同期たちは管理職になり、家を買い、子どもを海外留学に送り出していた。ふるさと納税で高い牛肉が届いたと喜んでいる。一方の私には何もない。老後に2000万円ほど必要になるとニュースで聞いた時は絶望した。もちろん今からでもできることをするしかない。同じ被害に遭った信徒たちの中では、年齢や再就職の面で私はまだ恵まれた方だったとも思う。それは分かっている。けれど、あの時あの教会に行かなければ、と後悔しないことはない。

発信をやめられない

教会解散後、インターネットで発信を始めた。

初めは頭の中の混乱を整理するためだった。自分の信仰のどこが間違っていたのか、なんとか言語化しようとした。そして早い段階で分かったのが、同じような被害に遭った人が他にも大勢いる、という事実だった。

私の発信に共感の声が少なからず集まった。固有名詞を出さない書き方に、「自分の教会のことかと思いました」と反応する人もいた。私の教会（牧師）だけの問題ではなかったのだ。共感されて喜んでいる場合ではない。「共感でつながる」時代になんと皮肉なことだろう。

　同時に、私の批判に対する批判も起こった。心ない言葉が何度も投げつけられた。

「そんなの嘘だ」

「被害者面してるだけ」

「あなたにも落ち度はある」

「牧師の苦労を何も知らないくせに」

　時は #MeToo 運動が世界規模で広がった2017年。性被害を告発した伊藤詩織さんが、無数のバッシングに晒《さら》されていた。被害の内容もバッシングの規模も違うけれど「自分と同じだ」と思った。

　二次被害という言葉を知った。被害を告発する被害者が、その過程でさらに被害を受けることだ。被害者は疲弊し、黙っていた方がいいと思わされる。そして黙ると、被害自体なかったことにされる。

　私もSNSで度々中傷され、時に粘着され、一時は怖くなった。もうやめてしまおうか。キリスト教なんて忘れてしまった方がいいかもしれない。そう思う夜もあった（夜はネガティブな思考になりやすい、というのは事実かもしれない）。

　二次被害にも差別構造があると知った。同じ被害者でも、男性より女性の方がバッシングを受けやすい。年輩より若輩（と見られる）方が攻撃を受けやすい。「何も分かっていない」とされて「教えられて」しまう。まるで被害に遭ったのが、本人の落ち度や判断ミスや知識不足のせいであるかのように。

　一方で、ある程度年輩で立場のある男性が被害を訴えると、被害者たちのアイコンになりやすい。そのまま被害者運動のリーダーとなり、組織化されることもある。しかしそこで新たな搾取に遭うのは、より立場の弱い被害者たちだ（いわゆる「被害者ビジネス」は絶えず新たな被害者を必要としているし、本当のところ被害者の救済など目的としていないことがある）。

　そんなふうにして、被害者がとことん不利な状況に追いやられることも知った。

　被害者が被害に遭いやすいのは、それだけ立場が弱いからだ。そして一度被害に遭うとさらに立場が弱くなり、被害の連鎖に陥ってしまう。そこから抜け出す二つの方法をご存じだろうか。一つは「被害など何も受けていない」と平気な顔をして過ごすこと。もう一つは、多くを犠牲にしながらあくまで戦い続けること。いずれにせよ被害に遭うことは、被害者にとって地獄の始まりにすぎない。その後も延々と地獄のような状況が続く。キリスト教は地獄を死後のものとしているが、私は異議を申し立てたい。地獄はこの世界にある。

「解決」が分からない

　2024年現在、私はまだ発信を続けている。

　何が動機なのか、自分でももうよく分からない。頭の中の整理ならとうに終わったはずだ。同じ被害者と連帯するためとか、現在被害に遭っている人への情報提供のためとか、それらしいことは言える。けれど結局のところ、あの牧師への怒りが原動力なのかもしれない。恨みは今もくすぶっている。それは年々弱まるどころか、例の悪夢を見るたび更新されている気がする。

　2012年の教会解散の頃は、毎日がこの世の終わりのようだった。連日の話し合いは紛糾し、混乱し、皆なんとかして「正解」を探ろうとしていた。「私たちは愛し合う神の家族」と言っていた信徒どうしが激しく言い争い、断絶し、教会で語られたことの多くが絵空事だったと分かった。私はすべてを把握している誰かがどこかから都合良く現れて、この事態を1から10まで全部説明してくれるのではないかと夢想していた。早く「正解」を教えてもらって、「解決」したかったのだ。しかしそうやって安易に答えに飛び付きたい思考こそ、カルト宗教による洗脳の証左だったと思う。

　12年経った今も、何が「解決」なのか分からない。教会解散は私にとって、「解決」を模索する道のりの始まりでしかなかった。そして今なお途上にある。どうすれば「解決」するのだろうか。今からでもあの牧師と対峙すべきだろうか。それとも全部忘れて自分の人生を生きるべきだろうか。あるいはこうやって発信し続けていれば、いずれどこかにたどり着けるのだろうか。

「赦し」を考えたこともある。あの牧師のことも教会のことも「赦し」て、教会でよく聞くように「解放」してあげるのだ（具体的に何をどう「解放」するのかさっぱり分からないけれど）。「主の祈り」にも「我らに罪をおかす者を我らが赦すごとく、我らの罪をも赦したまえ」というフレーズがあり、「赦し」の相互作用性を語っている。しかし私の教会の場合、ただ一方的に「赦す」のは、被害をなかったことにするのに等しいと思えた。謝罪も補償もせず、どこかで（多分）新たな生活を送っている牧師をただ「赦す」のは、泣き寝入りに他ならないと。そうやって加害を放置してしまったら、今後どこかで起こる別の加害を放置することになる気もした。そしてそもそも、感情的に「赦す」なんて絶対あり得なかった。

　あるいはカウンセリングを受けるべきかもしれない。解散当時はよくそう考えた。けれど何をどう話せばいいのか分からなかったし、言葉にすることで問題を小さくしてしまったり、歪《ゆが》めてしまったりする気がした。宗教事情（特にカルト宗教事情）に詳しくない第三者に話して、深刻さを理解してもらえなかったら腹を立ててしまうかもしれない。

　そして何より、また誰かを信じることが怖かった。

　もちろん悪いことばかりではない。

　２０２３年の秋頃、おなじみの悪夢を見たが、いつもと違う展開だった。牧師の強権的な要求に対して、「それはできない」「それは違う」とはっきり宣言できたのだ。夢の中の私は毅然としていた。初めて、（夢の中とはいえ）牧師と私の力関係が変化した。支配を脱して怒りを露《あら》わにした。なんと爽快な目覚めだったことか。

　また、それまでの発信がきっかけとなって、２０１８年からキリスト教メディアで書かせてもらっている。ずっと書く仕事がしたかった私の願いが、思わぬ形であれ実現したのは嬉しい。

　そして教会での傷つき体験を共有し、話し合える仲間たちとも出会えた。「クリスチャンなんてろくなもんじゃない」と半ば諦めていた私に、まだまだ希望はあると彼らは教えてくれた。

　ただ、そういった嬉しい出来事について話すと、「被害に遭ったのも無駄ではなかったですね」とか「神様はどんなことも益に変えてくださいます」とか言われることがある。しかし私ははっきり言いたい。被害に遭って良かったことなど一つもないと。その後の経過で起こった「良いこと」は、その代償ではない。それで被害が償われるわけでもないし、そんな形で償われてもいけない。

私が教会で体験したことなど、絶対に誰も経験してはならない。

それでも人生は続く

教会で搾取されながら懸命に働いていた頃、私は奉仕中の事故か何かで「殉教」できたらいいな、とひそかに願うことがあった。牧師から虐待されていると認識できなくても、苦しかったのだろう。上手く「殉教」できれば皆から賞賛されるし、「天国」に行けるし、この生活から離れられるから一石三鳥だな、と都合良く考えていた。

あるいは「携挙」でも良かった。解散の数年前から、教会で真面目に「患難時代の到来」が語られるようになっていた。そのまま上手いこと「携挙」されて何もかも終わってしまえば、こんな楽なことはない。

当時の私は結局のところ、自分の人生を生きていなかった。「神の国拡大」のために働くので精いっぱいで、自分のことを考える余裕がなかった。そう誘導されていた。

けれど一方で、何かに夢中になれること自体は魅力的だった。その一事に集中していればいいし、あれこれ考えなくて済むから。そんな私は、カルト化教会と悪い意味で相性が良かったのかもしれない。

教会解散後、あれだけ騒いでいた「携挙」は起こらず、「預言」されていた災害も起こらず、世界は何事もなく続いた。「日本のリバイバルの中心」とか「日本の救いの鍵」とか豪語していた私の教会がなくなっても、特に支障はないようだった。

ある日、駅のホームにひとり立って、街を行き交う人や車を眺め、マクドナルドのポテトが揚がるメロディを聞きながら、「それでも世界は変わらず続くんだな」と思った。力が抜けた。あの熱に浮かされたような狂乱の日々は一体何だったのだろう。「この教会は日本の最後の砦だ」という烏滸がましい使命感に燃え、内輪でしか見られない動画を作り、内輪で盛り上がるだけの集会を繰り返し、何かを成し遂げた気になっていた。

「本当にバカみたいじゃん」

思わずそう呟《つぶや》いた。そう、本当にバカみたいだった。

本稿の結びの言葉をあれこれ考えてみたが思いつかない。それもそうかもしれない。この話はまだ続いているのだから。結末は私も知らない。

２０２４年3月末、開花したばかりの桜を眺めながら、イースター礼拝に参加した。よく知らない人たちと談笑し、12年ぶりにイースターエッグをもらった。昔は卵に直接ペイントしたものだが、今はラッピングするようだ。「あなたがたに平和があるように」と印字されている。本当に、平和であってほしい。

こんなふうに人生は続いている。どんな酷《ひど》いことがあっても続くのだろう。だから前向きに生きよう、なんて青春ドラマみたいなことは言わない。後ろ向きでもいいし、前進しなくても構わない。楽しい時もあれば辛《つら》い時もある。それでも人生は続く。

サバイバーたちの鎮魂歌《レクイエム》 03

教会が教会であるために　声にならない声に訊け

矢嵜風花×さとしまる夫妻インタビュー

小5から21歳まで教会で奉仕
鬱サバイバーのゴスペルシンガーが

「死にたい」10代に届け続ける応援歌

「ずっと死にたいと思っていた」「世界で一番自分が嫌いだった」――壮絶な過去を努めて明るく打ち明けるゴスペルシンガーの矢嵜風花さん。牧師家庭で育ち、幼いころから教会で賛美の奉仕に携わる一方、いじめ、家出、過労など過酷な環境で鬱《うつ》をわずらい、自責の念と生きづらさに苦しんできた。現在は、どん底からの立ち直り体験を生かし「自殺者を減らしたい！」と各地でライブ活動を続けるほか、クリスチャンとして教会では語りにくい思いなどをブログや YouTube で発信している。形を変え、場所を変えながらも一貫して紡いできたのは、自身の中にある「声にならない声」だった。

本当の感情がわからない

祖父母の代からクリスチャン。父、叔父、従兄弟が牧師という家系に生まれた。小学5年で「救われた」という確信があり、父が開拓した教会を積極的に手伝うようになった。当時は伝道に燃え、毎週のようにピアノやドラム、ボーカル、ベースなど、求められるまま奉仕に邁進《まいしん》した。しかし、中学、高校、短大と続けるうちに、「神様に愛されるために奉仕しなければ」「クリスチャンとして模範とならなければ」という強迫観念にさいなまれる。「怒ることは罪」と教わってきたので、怒っていても「怒っていない」と言い張り、嫌いな人がいても、「心が狭い」「愛が足りない」と自分を責めた。

「霊的な臨在が感じられる教会だったので、賛美すると満たされるし、奉仕も楽しかったんです。でも、本当は休みたいのに、『できる?』と聞かれて『できない』と言えないのが辛かった。無条件で愛されていると教えられてきたはずなのに、こんな自分じゃダメだと勝手に条件を付けてしまっていました」

幼いころ、自分の発言をめぐって両親が口論となったことから、「思ったことを言わない」癖がついた。いじめられて学校に行きたくなかった時も、何度か本心を言おうと試みたが、親には打ち明けることができなかった。1人で死のうと家出をしても気づかれず、誰にもわかってもらえないという孤独感だけが募り、本当の感情が自分でもわからなくなっていた。

保育士になって2年目。もう一つ別の教会も手伝う中で忙殺され、泣きながら通勤する日々。それでも奉仕者がいないので、誰かがやるしかなかった。保育園からは病院で受診することを止められたが、セルフチェックの項目は、当時の症状とすべて合致した。完璧主義で繊細。傷つきやすい性格も要因の一つだった。

理由もなく初めて礼拝を休んだ。神様が信じられなくなり、聖書の言葉も自分には語りかけられていないと思い込んだ。すべての奉仕をやめてから、ますます自尊感情を失った。当時、「祈ってるね」という言葉が素直に聞けなかった。「祈るくらいなら、私の話を聞いてほしい」。「鬱は霊的な戦いだ」とも言われ、傷ついた。「迷惑をかけてはいけない」との思いから、誰にも迷惑をかけない死に方を考え続けた。寝て、起きたら、消えていたい。

回復からの新たな決意

鬱になって、初めて親に反抗できた。知人から自分を好きになる具体的な方法を教えてもらい、ダメな部分をさらけ出し、受け止めてもらうことで、家族ともようやく向き合うことができた。回復まで1年半ほどの記憶はあまりない。

「鬱の間は毎日死にたいと思っていたのに、それでも死なずに済んだのは神様のことを知っていたから。救われているつもりだったけど、神様の愛がどんなに大きいかということを全然理解できていなかった」と振り返る。

辛い時も歌うことだけはやめなかった。周囲で自死者が相次いだことを機に、音楽ならいつでもどこにでも伝えられると思い立ち、「大好きな歌を通して、多くの人に希望や心の癒やしを届ける人になりたい」「困っている時、祈れる存在がいる、助けてくれる存在がいるということを紹介したい」と、封じ込めていた夢に向けて一歩を踏み出す決意を固めた。

「それまでなんとなく、クリスチャンは元気な方がいいとか、マイナス思考になることや弱いことは悪いこと、強いメンタルがほしいと思っていましたが、やっと私の弱さも与えられた賜物だと思えるようになりました」

26歳から始めて10周年。路上ライブでの縁でCDを作ったり、ラジオや地元のローカルテレビ局でレギュラー番組を担当したり、思わぬ形で用いられてきた。実際に「歌を聞いて救われました」という手紙をもらい、音楽を通して届いたという手応えも感じている。

2017年、自作のオリジナルソング「生きてるだけで」を歌った「死にたいと思ってる人に」と題する動画は、現在まで20万回以上再生されている。チャンネルの登録者数は8千人を超えた。

自殺予防の催しに招かれることも多い風花さんだが、悩める当事者に徹底して寄り添い「死んではいけない」とは決して言わない。最近アップした「死にたい10代の学生へ。伝えたいこと、知って欲しいこと。」では、今、この瞬間に死のうとする視聴者のために、そして万が一死んでしまうかもしれない視聴者のためにも自身の言葉で祈る。

「もしこの動画を見た後、すぐに死のうと思っている方がいるのであれば、その方が天国に行けますように。そのすべての罪をイエス様が代わりに背負ってくださったと信じます。神様、あなたが全部奇麗にしてくださって天国に入れるように助けてください。イエス様がこの方と共にいてくださいますようにお願いします」

理解者はノンクリスチャン

結婚した男性、通称「さとしまる」こと小池賢志さんも同じYouTubeに時々登場する。付き合い始めた当初、クリスチャンではなかったため、〝熱心な〟クリスチャンから心ない誹謗《ひぼう》中傷のコメントも寄せられた。「クリスチャンでない配偶者が亡くなった時のことを考えてください。天国にいませんがいいんですか?」。今年アップした動画「【アンチ⁉】嫌だったコメントランキング!」では、「地獄へ堕《お》ちろ」「聖書解釈の勘違いも甚だしい」「偽の福音を伝えるのはやめてください」に次いで、最も傷ついたコメントとして紹介した。

「アンチはほぼクリスチャンです。こんな人がクリスチャンだったら、クリスチャンやめたいって思うことも結構ありました。

YouTube　矢嵜風花
FuhkaYazaki@fuhkayazaki3184

『クリスチャンっていい人なんだ』って、あまり希望を持たないでほしい（笑）」

ノンクリスチャンの友人を誘った教会のキャンプで、せっかく連れていったのに「クリスチャン以外は、これ以上ダメ」という対応を受けたこともある。クリスチャンと結婚することにまったく抵抗はなかったという賢志さんも、初めての聖餐式で「キミはまだ」と言われ疎外感を覚えた。「たとえ教会側に正当な理由があったとしても、説明がひと言あるかないかは大きな差。もっと伝え方にフォーカスを当てないと、正しいけれど人には伝わらないという状況は変わらない」と真っ当すぎる指摘。

結婚後、ほどなくして洗礼を受けることになったが、意外にも風花さんからの勧めがあったわけではなく、一緒に聖書を読んだこともないという。

「もちろん、元をたどれば彼女との出会いはきっかけですが、誰かに信じた方がいいとか、信じないと天国に行けないとか、強要されたことはないですね。今では普通に神様の話とか、教会に行っていることも話しますが、それほど拒絶されることはありません。やっぱり、多くの人は圧倒的に知らないだけなんですよね。『知らない』のと『信じない』のは違います」

生まれつき身近にキリスト教があった風花さんと違い、ノンクリスチャンの時期が長かっただけに、「普通」の感覚との違いには敏感だ。

「キリスト教を知ってもらう時に、その人が生きている上で幸せかどうかって重要じゃないですか。僕も経営をする身ですが、うまくいっている経営者の話と、うまくいっていない経営者の話とどちらを聞きたいかといえば答えは明らか。もちろん、聖

6月30日（日）14：00～15：00、チャペルコンサート「あなたは大切な人」

書のみ言葉が大事なのは大前提としても、ガチガチに固まった解釈に固執して、神様を信じてくださいと言われても人は寄りつかないと思うんです。粗暴なアンチコメントを見て、ノンクリスチャンがクリスチャンになりたいと思うかというと、絶対思わない」

過去の自分に「さっさと諦めて」

現在、2人が通う教会には会員制がない。いつ行ってもいいし、どこの教会に行ってもいい。来ないからといって催促されないし、献金も強要されない。ストイックだった前の教会に比べ、居心地がいい。昨年は喉の不調のため、音楽活動を1年休んだ。今も声を出しにくいことがあるが、少しずつ活動を再開しつつある。新たな課題も生まれた。

「ライブを始めたてのころは神様のことを伝えるだけでいいと思っていたんですが、いざ教会に行きたいと言われた時に、つなげる先の受け皿がありませんでした。せっかくつながっても、教会でつまずいたらもったいない。どういう教会に行きたいか選んでもいいということは、知っておいてほしいですね。教会によってはここに入会するなら、他の教会に行っちゃダメという教会もありますが……」

取材の最後に、過去の自分に言ってあげるとしたらどんな言葉かを聞いてみた。

「『さっさと諦めた方がいいよ』って言いたいですね。おそらく、自分で自分を正しくしようと無意識のうちにがんばっていたんです。ダメな自分じゃダメなんだと思っているうちは、楽になれない。まずはこんなにダメな自分を受け入れて、ダメな自分でもいい、それでも愛されているということをさっさと認めなさいと」

ダメな自分だからこそ救いが必要。今日も画面越しから、風花さんの力強いエールが響く。「みんなは生きてるだけで本当に価値のある存在なので、忘れないでください。悪いとこがあっても、ダメ人間でも愛されてます。ずっと応援してます」

（聞き手・松谷信司）

やざき・ふうか

群馬県出身のゴスペルシンガー。良い知らせ「ゴスペル」を伝えるため2013年より音楽活動を始める。社会人2年目のころ鬱になり、その間さまざまなことを学び、乗り越えて音楽活動を再開。自身の体験をもとに「共に生きていきたい」というメッセージを込めた数々の歌を通し、少しでも誰かを勇気づけられたら…と願う。現在は喉の不調からライブ活動を縮小中だが、ラジオ、YouTube、ブログなどでもメッセージを発信中。

実践講座

まだ間に合う?! ざんねんな言葉集 ～教会編

渡邊さゆり
日本バプテスト同盟　駒込平和教会牧師

キリスト新聞社から「そういえば、こういう本はなかったんですよね」と持ちかけられたのが、このプロジェクトのスタートだ。何より私自身が「ざんねんな」牧師実践編のような存在だと常日頃から思わされている。だとしたら、これを私が書いたら「ざんねんな牧師によるざんねんな言葉集～教会編」になってしまう。これはざんねんが集まりすぎだろうと思いつつ、「まだ間に合う」を冠につけてみた。しかし自信がないというざんねんさゆえに「?!」を語尾に付す。こんなオドオドした感じでありながらも、「もうこれ以上は仰らないで！」との思いを込めて書き綴《つづ》っている本のチラ読みを今回はお届けしたいと思う。

そういえば、「仰る」という言葉は、信仰の「仰」という漢字を使う。「仰る」という用語はビジネスメールでは、ひらいて「おっしゃる」と書くこと、「おっしゃられる」は二重敬語になるので使わないこと。その通り！　ということで「仰らないで」は正しい用法か調べてみると、なんと「仰る」は肯定文で使う言葉らしい。仰る側へ「仰らないで」なんて抗うこと自体がNGっぽい。

ざんねんな言葉を繰り出す人には、正面切っては誰もストップしにくく、苦言も述べにくく、一方的に仰られるままに垂れ流されてしまうわけだ。でももう間に合わなくなるよ、ドンピシャに「もうこれ以上は言わないでください」と言いたいものだ。よくある「言葉狩りをしないでください」対策として、始める前に述べておきたい。ご心配なかれ。このプロジェクトは決して「言ってはいけない言葉辞典」ではなく、それを仰る方々を「ざんねんな○○」と言い、そのざんねんな方々に共通する精神性をこそ問いたいのだ。一ざんねんを見事クリアし、二度と言わないことにしても次なるざんねんが繰り出される、そのざんねんな習性とも言えるものを暴きながら自らを揺さぶり変容させたいと思うのだ。この変容に神は伴ってくださるに違いないと信じて。

ちなみに大ブレーク中の『ざんねんな生き物』シリーズを読んでみると相当奥深い。見栄え上出来、結構イケている感じな生き物なのに、絶滅の危機に瀕しているこのアンバランスが、読む人に「うわ～ざんねん」と心からの慕情をかき立てる。そしてその慕情は自らのざんねんさにも心配る動機となる。絶滅へと追いやられてゆく立派な生き物と自分を重ね合わせるところに、このシリーズの素晴らしさがある。ということで、ざんねんな牧師によるざんねんな言葉アラカルトを堪能していただき、その後、このざんねんさを大いに笑いながらも爽やかに変化を遂げつつ、絶滅目前と言われたにもかかわらず、復活を果たしていきたいものだ。

「うちの」

《用例》「うちのが言うんです」

「私の配偶者（女性配偶者を指して男性が言う場合がほとんど）」。用例は「私の配偶者がこのように言うのですが」を意味すると思われます。

　男性配偶者が、女性配偶者を「うちの」と言うのは日本の風習だから仕方ないと思っている既婚男性牧師の皆様、これは差別語です。ざんねんさ横綱級の一言です。男性牧師が説教で、教会での会話で平気で宣《のたま》ってきましたが、無自覚にスムーズに出てくる「うちの」はもうやめましょう。

　「家内」とは、自分と同等、もしくは自分よりも目上、格上の人に対して女性配偶者を指すときに使われてきた言葉です。そもそも明治期以降の家制度を土台にして名実共に男尊女卑的に女性配偶者を指してきました。この変化形でカジュアルさを加え、いや、さらに女性を格下の存在だとアピールする「うちの」。プライベートでも男性牧師は女性よりも上の存在だということを相手に伝えるには、最短距離をたどれてしまうざんねんな言葉です。

▼追記

教会で牧師の配偶者や子どもについて公言される時、ご本人の承諾はきちんとお取りになっていますか？　もし、本人たちが「話してもいいよ」と言ったとしても、「やめて」と言える関係が構築されていますか？　教会のため、牧師のため、世のため、人のためならこれくらいが、お前たちのできることだと思わせるような関係ではありませんか？　おっと、詰問風になってしまいましたが、これらをすべてクリアできていたとしても、もう「うちの」素材利用はやめましょう。

　そもそも、そんなエピソード、思い出話が、誰にとっても微笑《ほほえ》ましく喜ばしいと勘違いされているのかもしれません。教会で聖書の話を聞いてみたいと思っている人が、牧師の妻の失敗談やら、信仰深さやら、小言の多さなどを聞かされ、子どもの幼少のころのかわいらしさをアピールされてばかりで、がっかりする経験をしていることをご存じですか？　もうご自身の家族をダシにして教会ですごむのをやめて、もっと別のことで勝負しましょうよ。彼女たちは決してあなたの「うちの」ではありません。

▽トホホ牧師からの一言

ざんねんすぎます。うちのって何？　内野さんって教会にいらしたかしら？　呼び捨てかよと思いました。「さすがに私でも言われたことないよ」と思いつつ、もしかしたら自分が知らないだけで、結構外では言われていたのかもしれないこのひと言。そういえば、「うちの」の「の」を属格にして、「うちの〇〇さんが」という言い方もグサリときます。「うちの役員に言っておきます」「うちの教会の人が」などなど。それを言われた瞬間に「あなた外だから」と言われた気持ち。心の中では「鬼は～外。福は～内」が鳴り響き、豆が飛んでくるかと構えてしまいます。これがもっと深刻になると、差別問題を考える上でテーマとして扱う「We and They」に結びつくと思います。なので、自戒を込めて「うちの」にさようならして、固有名詞、それから本当にその「ウチワ話」が今ここで必要なのかを熟慮すべしと思います。

「先ほども言われましたが」

《用例》「先ほども言われましたが、それは要するに……です」

前に話した人が言ったことを取り上げ、改めて同じ内容のことを述べ、補足説明をする時に使われる言葉です。教会関係の集会で頻発します。特に、後から話す役割を与えられることが多い、男性役員、牧師が、前に話した人々の言葉を拾い、まとめようという善意から引用しているつもりが、いつの間にか補足説明の度が過ぎることが多いのです。先に述べられたことはその人がすでに説明済みで、それに加えたりまとめたりすることは失礼に当たります。特に男性が、女性が話したことを改めて解説し直して相手から信頼あることとされるような構図になることをマンスプレイニング（男による「再」説明）といい、教会でも見られるざんねんな言葉です。

▼追記

電子メールのやり取りなどで、役員や信徒がやりとりしている中で、最後に牧師が結論的な言葉で発信し、それで一件落着となるケースもよくよく解剖してみると、すでにその意見でほぼまとまっていたのを、まるで牧師がまとめてくれたという形になっていることもあります。また、すでに連絡済みのことをあえて後から男性が「自分が何か言ってあげたほうがより確実」と言わんばかりに、「口添えする」のもこの部類に入ります。「先ほども言われましたが」と枕詞《ことば》を置くぐらいなら、もうそれは言わないでOKなのです。でも言ってしまうその心、ざんねんです。

▽トホホ牧師からの一言二言

私自身もこれは相当経験させられています。しっかり話した後から同じことをつらつら言われた挙げ句、内容が薄っぺらくなり的を射ぬサマリーにされることすらあります。私は最近では、話す順番の工夫でこのざんねんさはかなり軽減されると思っています。とにかく「先ほども言われましたが」を得意とする立場にある人に、先に話してもらうことにするのです。ところが、このような策を講じても、ざんねんさが秀でている場合には「ちょっといいですか」と割り込んででも、マンスプが始まるので要注意です。「〇〇さんは説明がお好きですね」などという婉曲的な打ち返しではほとんど相手に伝わらないので、「マンスプになりますから」とさえぎるのが一番良いようです。ただし、「マンスプ」という言葉が共有できていない場合がありますから、丁寧にこちらが説明するのもお忘れなく。

「いい人いないの？」

意味するところは「あなたは結婚を前提にお付き合いしているような異性はいないのですか？」です。解説するのも辛いざんねんさです。独身者を見れば、所かまわず、このような言葉を投げつける人は教会にもいます。たとえそれが同居家族間であっても、どれほど親密な関係でも、この質問という名の圧力はハラスメントです。

「相手が異性愛者だとわかっていて、結婚相手を探している人だとわかっている場合ならいいのではないの？」と思っている方々は、さらに注意が必要です。あなたがわかっていることは限りがあります。教会で、このようなことを聞いてしまう雰囲気があること自体が問題です。教会は結婚相談所ではありません。その人が誰と付き合おうが付き合わないでいようがまったく関係ありません。親身になって人生設計の相談にのってあげているという善意は、前世紀的な土足で人のプライベートに侵襲するお節介では済まないほど、深刻です。このような問いは相手に対する攻撃になっています。二度と言わないでください。

▼追記

相手も喜んでいる、親しみの証しのように「恋バナ」をする人がいます。それは、人は誰かと必ず親密なパートナーシップを結び、カップルでなければ一人前ではない、そこにはロマンティックなものが必要という思い込みにすぎません。聖書にある「人がひとりでいるのは良くない」(創世記2章)を持ち出し、ひとりを否定するなどもってのほかです。独身でいることを不完全とするあらゆる言説はハラスメントです。

古代パレスチナ地域で語り継がれている独裁者に対する抵抗の物語を、現代的異性愛的婚姻に結びつけないでください。こんなささやかな、ちょっとしたことぐらい、悪気があるわけでないからいいじゃない、なんて思うことは問題です。

▽トホホ牧師からの一言二言

この文脈でさらに自分の結婚生活について雄弁に語る場面に幾度となく遭遇した私は、その時どうしたか――無言。黙らされたというよりは無言の圧力という方法で抵抗しましたが、思い出すだけでもトホホ感がよみがえります。不快なだけではなくて傷つきますよね。本当にやりたかったのは、「あなたにそんなこと聞かれる筋合いはない」とはっきりいうことでした。でも言えないですよね。圧がすごいから。おおかた「お話の途中ですみません。今、忙しいのでまた」と、とっとと去れたらいいなと思いますが、悔しさが後を引きます。

教会の異性愛主義は激しい攻撃性を持っています。その理由は聖書が社会的特権階級にいる者らによって温められ、解釈され、広められてきたことにもあります。「いい人いないの?」攻撃を繰り出す人々は、自分の人生にかなりの肯定感を持っていることを表明したがっており、上から目線で物事を見ている人たちが多いです。

まずは家族から

「伝道しよう」という相談ごとになるとかなりの頻度で出てくる言葉。福音を伝えよう、教会に人を誘おう、若い人が来るようにしよう、などの話し合いの後半でどうやって締め括《くく》っていいのかわからなくなった時に出てくることが多いです。この言葉が発せられた瞬間、多くのノンクリ同居者がいる人々が槍玉に挙げられていることを察する人と、その人たちにタスクを課してスッキリする人に二分されます。結構、人権派と言われているような牧師でも本気でこの発言をします。

家族をコントロールしやすい人が、この発言をするのです。同居人には隠れるようにして教会に来る人、こっそり聖書を読む人がいることなど想像もつかない人の発想です。善意で語られる場合は、「こそこそ来るよりも、家族も理解したほうがいいから、家族を説得する」と言う意味での「まずは家族から」でしょうが、それができないからサバイブ術を講じている人々に向かってこれを言うのは、あまりにも酷《ひど》いです。

家族が形成されていることがデフォルトで、独居は不完全と信じている人、クリスチャンホーム至上主義者がこれを語ってきました。同じ信仰を持ったもの同士が同じ屋根の下で暮らすことを祝福だと信じてやまない人々が、とにかく家族伝道を押し付けます。この日本社会でクリスチャンホームは稀有《けう》、むしろ「異常事態」的奇跡です。ところが、そういう感覚がない強い人々によってこの言葉は発せられます。この強みが、まずは家族からというお気楽さを生むのでしょう。思い直してください。やめましょう。

▼追記

結婚を機に洗礼（バプテスマ）を迫られ、入信が結婚の条件とされる人がいます。生まれて間もなくから強制的に教会に連れていかれ、本人の意思を確認することができないままに親の言いなりで教会員にされてしまう人がいます。結果的にそれが良かった話は記憶されますが、それを苦に思う人々の物語は教会では語り継がれません。ノンクリスチャンの家族がいることを、教会員が互いに「重荷」「痛み」と言い合ってネガティブなことにしてしまうため、より「まずは家族から」は有効となってしまうのです。家族はコントロールする対象ではありません。そして家族観の刷新なく、性役割に基づいた家族像を再生産することは、人権侵害を推進してしまうことになると立ち止まる必要があります。

多様な社会の中で、異なる信条、宗教、生活習慣を持つ人々が同じ空間で暮らすことの方が素晴らしいとは思いませんか？　まず家族からと、家族をターゲットにし、クリスチャンホームこそ教会を支える礎などとする呪縛は、人々を傷つけるばかりか、より深刻なトラブルを起こすもとになります。「まず家族」という戦略的伝道方策は時代錯誤です。

▽トホホ牧師からの一言二言

かく言う私は両親がキリスト者で私は二世にあたります。1960年代が両親の若かった時代です。彼女たちが集った聖書研究会は、その後、教会を組織し、幼稚園を設置し、現在に至っています。両親は筋金入りのいわゆる「プロ信徒」で、私は二世ですから、「まずは家族から」と言う側に私はいるとの意識を持っています。ところがよくよく考えてみると、この第一世代の親たちは、まずは家族からではないところからキリスト教へ入信した人々です。別に、彼女たちの家族が熱心なキリスト者でなくとも、教会を立ち上げるコアメンバーとして働きました。

そういえば、私の家はクリスチャンホームと言えるかというと厳密にはそうではありませんでした。妹はノンクリ、同居していた祖母は新興宗教の役員、叔母もノンクリ。叔父は創価学会員でした。こんな凸凹でも両親がキリスト者だとクリスチャンホーム？　どちらかがクリスチャンだとクリスチャンホーム？　クリスチャンホームとは親だけが問題？　それとも……謎多き世界。正直、教会で、誰々さんの娘だとか、誰々さんの親戚に当たるとかいう紹介をされてニヤニヤしている人を見ると、「ところであなたは何者ですか？」とモーセのセリフを思い出します。もうやめましょう。この家族主義的キリスト教共同体、ざんねん。

新来会者

教会に初めて来た人を指す言葉。一人でも多くの人に集まってほしいと願っている教会にとって、神から与えられた大切な人を指す言葉です。しかし、この新来会者という言葉がもたらす効果には注意が必要ではないでしょうか。

新しく来た人という眼差しは、すでに自分達が「先に来た人」ということを表明しています。新しいことほど何か新たなことをもたらしてくれる使者だという視点ではなく、「まだ知らない人」という意味合いの方が強く、「新来会者がわからないことがあったら教えてあげよう」という意気込みを感じさせます。そして先輩風を吹かせてしまうばかりか、初

まだ間に合う?!　ざんねんな言葉集～教会編

心者扱いか、異物混入並みの腫れ物扱いすら生じてしまっていることに気づく必要があります。

▼追記

教会玄関で机が広げられ、初めて来られた方には住所も電話番号も、メアドも、クリスチャンかどうかも、聞き探ってしまうことはありませんか。善意でしょう。困り事があったら駆けつけるため？　これからも続けて来られるようにアクセスしたいから？　いろいろ想像してしまうのですが、聞かれて嬉しい人もいる反面、こんなことまで聞かれないと中に入れないの？　と思う人も多いのです。あげくに礼拝の中で名前や住んでいる場所やなんでここに来たのかまで自己紹介させられ、拍手され、「そんなの聞いてなかったよぉ」と思う人もいます。あるいは「紹介してもいいですか　はい　いいえ」に丸をつけるカードを渡された人が、いいえに丸をすると……。礼拝中、「本日は新しい方がいらっしゃっていますが、紹介は控えます」と言われた時に降り注ぐ目線に耐えかねるということも。すでに形成されているグループに参入するという形が崩されない教会のあり方がざんねんです。変更、まだ間に合うかも。

▽トホホ牧師からの一言二言

誰にも知られずそっとたたずんでパッと帰りたい、でも教会に行ってみたい、そんなふうに思っている人が本当にたくさんいるということが私もようやくわかってきました。今まで教会に来る人＝ガツガツに聖書知りたい人、あるいはどこか人生に疲れて牧師に悩みを聞いてほしい人という誤解をしていたのです。そうじゃなくて、フラッと入ってみたくなる、ちょっと話を聞いてみたい、歌を歌いたい、休みたい、座りたい、ご飯食べたい、Wi-Fiあるところに行きたい、などなど、いろいろあるのです。混ざり込まれた思いでやってくる人が、教会の希望の星をいきなり背負わされ、かわいそうな迷える子羊役を担わされたら、嫌になるなと思います。ただでさえ、初めてくるのにハードル高めの場所です。

ちょっと視点を変える出来事は、3年前に自分が新たに教会牧師として復帰した時に起こりました。実は自分がしばらく（いや今も）新来会者扱いされていることに結構な違和感があったのです。すっかり出来上がっている群れの中でポツンとする感覚はなかなか耐え難く。人生で初めてキリスト教会とやらに行ってみたとか、今までいた教会から離れてこちらに来たとか、そんな状況にある人にとって新来会者という位格はかなり厳しいものがあります。各所にある「新しい人はやらなくていい」「知らなくていい」「こっちとあっち」の感じは、よそ者扱いと、これからも来るべしという無言の圧力が入り混じる変な距離感を生み出していると思いました。

何より、誰も自分のことを紹介していないのに、自分だけが皆の前で紹介されるなどあり得ない状況です。私は教会に来た人に、からふるなカードを渡しています。そこには後からもっと連絡してみたくなったら使えるフォームへのリンクや、この教会がどんな教会なのかを先にお知らせするための情報が載っています。何度でも、誰でもとっていいカードとして常設中。そのフォームには本名ではなく、ハンドルネームがずらりと並んでいるのも特徴です。

（つづく　まだまだたくさんあります）

未来会議01

鼎談 牧師のタマゴ

全国的に牧師不足が深刻さを増す中、まさにこれから現場に出ようとする神学生や、出たばかりの若手牧師たちは何を見、何を聞いているのか。弊誌の呼びかけで集まった3人は、生い立ちも教派も経歴も三者三様。「のびしろ」しかない牧師のタマゴたちが、本音で語り合う「未来会議」スタート。

賀川 仰　かがわ・あおぐ（仮名）

- 20代まで教会とは無縁の生活。
- 30代で受洗、その後献身して神学校に。
- 諸任地で副牧師。現在で二つ目の任地。

宮沢 望　みやざわ・のぞむ（仮名）

- クリスチャンホーム生まれ。20歳で受洗。
- 大学卒業後4年間の高校教員を経て神学校に編入学。
- 現在は教会の伝道師。

佐々木 愛　ささき・あい

- 両親が教会で福祉の働きをする家庭に育つ。
- 社会福祉士として3年間、野宿をする方の支援に携わる。
- その後、関西学院大学神学部に入学し現在に至る。

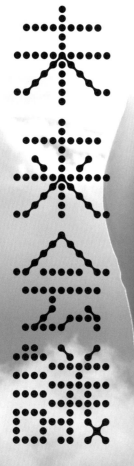

出席者自己紹介

賀川　はじめまして。社会人になってから教会に出会って洗礼を受けて、そして献身しました。現在40代で、某教団の伝道師という身分です。現在勤めている教会で二つ目の教会です。

松谷　会社員は何年されていましたか？

賀川　22歳の時からですので10年以上ですね。洗礼を受けて約10年です。

松谷　むしろノンクリスチャンだった時期の方が長いわけですね。では、宮沢さんお願いします。

宮沢　今年で30歳。所属は東北出身で、保守的な教団です。両親がクリスチャンなので2世です。ミッションスクールに就職し、教員を4年間勤めました。その後、神学校に編入学しました。現在は首都圏の教会で伝道師として働いています。

松谷　ありがとうございます。では、佐々木さんお願いします。

佐々木　現在は関西学院大学神学部の3回生です。一応「福音派」の出身です。経歴としては、父が牧師をしている家庭に生まれて、大学は普通の4年制大学に通った後、縁あって福祉の道に進もうと思い、夜間の専門学校に通って社会福祉士の国家資格をとりました。その後、ホームレス支援をしているNPO法人で3年弱働いて、関西学院大学神学部に入り直したという次第です。周りは日本基督教団の学生が多い環境にいます。よろしくお願いします。

松谷　皆さん共通しているのは、ストレートで牧師になっていないという点と、それぞれ教派を超えて「福音派」からメインラインまで幅をもって経験しているという点かと思います。

招聘をめぐるトラブル

松谷　まずは、「奉仕」「献身」という名のもとで長らく行われてきた搾取の問題についてうかがいます。時間的にも、労働力的にも、あるいは金銭的な面でも、かつてはそれらが十分にあって成り立っていた教会というシステムが、時代や社会の変化とともに、限界を迎えているのではないかと。神学校も軒並み閉鎖、あるいは入学者ゼロという状況が出てきています。すでに現役の伝道師として働かれている賀川さんが、一番切実に感じていらっしゃると思いますが。

賀川　私の神学校の場合、最初の赴任地は最終学年の面談で言い渡されるんですが、その時には前任者から私が1年間かけて引き継ぐという約束だったんです。しかし、いざ赴任してみると私が説教や会堂管理などの一部を担当することで、前任者の負担が減り、「やっぱり、もう少しできるんじゃないか」という心境になったようです。そのうち、「1年」の約束が「2年」になり、次第に「当面」に変わって、結局引き継がれるのがいつになるのだかわからない状態になりました。実は私だけでなく、周りでも何件かあって、本当にうまくいっていません。中には1年待たずして教会を離れるケースもあり、由々しき問題だと思っています。

松谷　最初から神学校の思惑と、現地の受け止めに齟齬《そご》があったということですか？

賀川　いや。私の場合は前任者が心変わりしたという事情です。やはり、一度握ってしまったものはなかなか手放せない。老いを受け止めたつもりでいても、やっぱり受け止めきれないという心理ではないかと。

松谷　教会員の受け止めはどうだったんですか？

賀川　前任者から洗礼を受けた人たちが役員にもいるので、その意見が一番正しい、前任者の言う通りにすべきだという人が多い中で、新しく来た人がどんなに正論を言っても通じないというのが現実ですね。

松谷　同情的な役員はいなかったんですか？

賀川　6人のうちの2人でした。

松谷　搾取の問題についてはいかがですか？

賀川　当時の私の謝儀は月額5万円を少し超えるぐらいで、牧師館もなく、週日は付帯施設でフルタイムで働いて、土日が教会奉仕なので、週7日働いた分が実質的な生活費になるという形でした。

松谷　その中から家賃も払うというわけですね。

賀川　そうですね。本当は教団に謝儀の規則があるんですが、謝儀ゼロという経験もしました。若いから週日いくらでも働けるからと。

松谷　教会から一銭ももらっていないということですか？

賀川　はい。最初の引っ越し費用は教会員の方々で集めて負担してくださいました。牧師館もないので、教会外で働いて稼がなければなりません。

松谷　せっかく会社員を経て牧師になったのに、また会社員をやらなければならないということですか？

賀川　おっしゃる通りです。さすがに周りの牧師も同情してくださって。

松谷　賀川さんの教団ではよくある話ですか？

賀川　どうなんでしょう……。ただ、本当に献身の思いさえあれば、霞《かすみ》を食べてでも福音伝道はできるはずだという思いがどこかにあるのかもしれません。

松谷　「献身だから安くてもいい」、あるいは「ただでもいいでしょう」という風潮にはぜひ声を大にして「おかしい」と言いたいんですが……。それこそ「福音派」は割とその辺もシビアだと思いますが、いかが

謝儀が〝安くて済む〟20代と70代が人気　――賀川

ですか？

宮沢　そうですね。僕が神学校に送り出された時は、「牧師になって戻ってくる」というのが条件だったんですが、戻ってきた後の待遇はまだ決まっていませんでした。でもだいたい5万円で、あとは教員免許も持っているし非常勤で先生をやりながらできるでしょう、という雰囲気でした。そういう経済的な不安定さもあるのでたいへん悩みましたが、戻るという選択をしませんでした。信仰的ではないと指摘を受けるのではないかと考え、牧師には言いづらかったという記憶があります。

松谷　それは同級生の間でも共感してもらえる話ですか？

宮沢　二分しますね。半分は特定の教団に所属しているので、安定した収入が見込めますが、中には単立の教会から来た学生もいます。入ったはいいけど、どの教会に赴任するかと、まずはそこすら決まっていない学生がいるので、そういう学生は空いている教会があれば条件をかえりみずに赴任せざるを得ないというケースもあるんじゃないかと。ふたを開けてみたら想定と違っていたとか。

松谷　詐欺じゃないですか。

賀川　共通点は、条件があくまで口約束とか、文書化されていないところですね。うちの神学校は18歳から80代まで入学者の年齢幅があるんですが、派遣の時に人気があるのは卒業してすぐの20代と、年金をもらえる70代の層です。謝儀が安くて済みますから。

松谷　関西学院大学の場合はどうですか？

佐々木　招聘《しょうへい》のための委員会を介して派遣が決まる仕組みになっています。働き始めた仲間の話を聞いてみると、教区間ですごく格差があるという印象です。正直、赴任先の経済事情など細かい部分は事前に分からないじゃないですか。そもそも組織としてグダグダだったりする可能性もある。そういうのは行ってみないと分からない。ただ、僕の周りでは幸いなことに、お金でものすごく苦労しているという話はありません。

牧師が希望を持てる働き方

松谷　若い神学生たちがこの先どう、希望を持って牧師を目指せるのかというのは非常に大きな問題だと思います。まずはどこから手をつけるべきだと思いますか？

賀川　私の周りの教会の中の文化かもしれませんが、貧しい牧師ほど良い牧会をしている良い牧者であるというような幻想があって、地方で魚を釣りながら町の人とあいさつしながら牧会するのが理想とされる傾向があります。経済的に豊かな方が心は貧しいという先入観です。業界全体がそういう次元から脱却して、牧師や牧師の家族を経済的に支え、招かれた牧師が一生懸命、牧会に励むという仕組みを確保できるところにだけ派遣するという必要があります。貧しくてもこの地で伝道すべきだと本人が思える場合は別として、新卒者にいきなり霞を食べて生きろというのは、ちょっと乱暴かなと思います。

松谷　特に、いわゆる「福音派」の場合、「必要は祈れば与えられる」というような考えが根強くあると思われますが。

宮沢　地域性にもよると思いますが、東北の場合はやはり外部のさまざまな情報から隔離される傾向が強いので、上の世代の方々の声がそのまま通りやすいとは思います。

松谷　佐々木さんが経験したNPO法人などでも、若手の後継者育成についてはおそらく苦戦していると思いますが。

佐々木　実際に教会外で働いてみたからおかしさが分かるというか。そもそも18歳でストレートに神学校へ入学してくる学生たちはそれすらも気づかないと思います。それが当たり前になってしまっているというところが問題だとは思っていて、神学校で神学や聖書の基礎的な知識は教わるべきですが、大前提としてやはりキャリアをどう築くのかという現実をしっかり勉強するシステムが必要だと思っています。全員が問題を共有するためには、まず何が問題なのかという土台をそろえないと、おそらく議論にもならないと思うので、まずは神学校のキャリア教育はすごく大事なのかなと。

もう一つ、大学に入ってから日本最大のドヤ街である釜ヶ崎に関わっているのですが、そこでお世話になっている日本基督教団の牧師の方が、ふと「最後は自分が生活保護を受給する側になるかもしれない」とおっしゃっていました。自虐的な意味合いも含まれると思いますが、自分としては複雑な気持ちになります。人生をかけて社会に仕えてきた方が、その結果経済的に困窮するかもしれないというのはやっぱり何かがおかしいと思います。

そうした状況を踏まえると牧師職はNPO職員の100倍ヤバいです（笑）。例えばNPO法人でよくあるのが、働き方の裁量の多くが個人に任されていて、極端な話をすれば残業や休日出勤についてあれこれ言われないとか。それでも、それが労働であるという自覚は持っています。つまり働くうえで、今の社会の最低限のルールやあるべき働き方を意識しているということです。でも牧師職にはそれすらもないような気がしていて。今後のためにも職業としての牧師というあり方について考えるべきです。

キリスト教の世界では、「謝儀だけもらって、その時間分だけ働く」という姿勢が「サラリーマン牧師」と批判されるじゃないですか。僕はまったく逆だと思っていて、まずは最低限食べていけるだけの収入が確保された上で職業倫理が求められるべきではないかと思います。収入はないのに倫理だけが求められるというのは順序が逆転している気がします。

年上というだけで重宝される風潮 ——宮沢

松谷　ストレートで神学校に入ってそのまま牧師になると世間知らずになるから、牧師も社会人経験をすべきだという議論が昔からありますが、社会人を経験したからといって良い牧会ができるとは限りません。その辺は、ご自身の経験からどうお考えですか？

賀川　高校から神学校に来る学生と、私のように社会人を経て神学校に入る場合、あとは定年してから入学するケースもありますが、やっぱり教会観とか聖書観とか、信仰、祈りには違いを感じます。一長一短あって優劣はつけられないと思いますが、社会人を経験している方が、キリスト教的価値規範と社会的価値観を両手で見比べながらバランス感覚を持って歩めるのかなとは思っています。私自身は、人生の半分ぐらい社会人を経験してから伝道者になったことをとても良かったと思っています。

松谷　これは教員の世界でもよく言われますが、元教員の宮沢さんはいかがですか？

宮沢　まったくその通りで、僕も先輩教員から、大学を卒業して急に「先生」と呼ばれるから調子に乗るなよと念を押されました。こちらも「先生」と呼ばれるのにふさわしい存在ではないのに、ある種祭り上げられるような感覚があって戸惑いますよね。保護者と同席すれば上座に座らされ、年上の人からお酒を注いでもらうみたいな。それで勘違いしてしまう教員もいるし、でも違和感を覚える教員もいて。確かに献身者も同じだと思いますね。

世代交代の話もそうですが、やはり年上というだけで重宝されるような風潮も、狭いコミュニティであればあるほど、強いように思います。特に保守バプテスト同盟は地域に根付いた教会を目指しているので、視野が広くなりきれない後継者が育ってしまうという側面は個人的に懸念しているところです。

それでも諦めない理由

松谷　それぞれの現場の実状を聞くにつけ、私だったらもうとっくにやめていると思うんですが、それでもなお希望を捨てずに前を向き続ける皆さんの思いをお聞かせください。

賀川　私は牧師という生き方や、職業自体を否定したり、大改革しなければとまでは思っていません。むしろチューニングというか、調整がある程度必要で、特に先ほどから出ている経済的な話を含めた働き方について修正できれば、若い人も若くない人も牧師として生きてみたいと言えるようになるのではないかと思っています。いわゆるフリーランスの働き方が増えている中で、もしかしたら牧師も業界の制度を整えることで、そうした自由なあり方が出てくるのではないかなと期待しています。

佐々木　賀川さんが言った通り、根本からすべてを変える必要があるとは僕も思っていなくて、当たり前のことを当たり前にするだけでいいと思います。例えば、給与体系をはっきり明確にするとか、雇用関係をはっきりさせるとか、いわゆる普通のことを普通にするだけでいい。それすらできていないこと自体が問題で、おそらく何か特殊な大きな変革をするというよりは目の前の課題を淡々と指摘して、改善していくということこそが求められているわけです。その先に例えば職業倫理の話とか、牧師の将来性とか、業界のあり方に関する議論ができるのではないかと。

　実を言うと教会とかキリスト教そのものに、悲観的なことはあまり思っていなくて、当たり前のことを当たり前にするだけで変わっていく実感がある。

　特に福祉の仕事をしていて思うのは、人数や経済面では表れない、この社会にもたらしたキリスト教や教会の影響ってものすごく大きいということです。そうした見えない部分で社会を支えてきたというのは事実なので、僕はそこに可能性を見出していて、今後も新しい世代が同じように社会を裏で支えていく一つの思想になればいいなと思うし、それこそが役割なのかなと思っています。

当たり前のことを当たり前にするだけ
―― 佐々木

松谷　ありがとうございます。

宮沢　牧師には教会が持つ本来的な働きがあるはずなのに、そのやる気や役割を損なうようなことに時間を費やさなければいけないということが、しんどいなと思ってきました。ひと昔前だと、そこで「信仰」という言葉が前面に出されて本質的な問題が覆い隠されてきた。今後、そうした形外化したさまざまな問題を浮き彫りにしていく必要があるし、それは牧師や、そこに仕える奉仕者の尊厳を回復していくためのプロセスでもあると思います。先ほど佐々木さんも言ったように、その人がその人らしくあるために当たり前なことを当たり前にできるよう、教会や牧師がメスを入れていく必要はあるのかなと思いました。

松谷　貴重なお話をありがとうございました。

実践講座

安心できる共同体になるために

上野 玲奈
日本基督教団教務教師

　教会は、神に招かれ呼び出された人々の集まりです。人々の集まりであるということは共同体であり、組織であり、団体であり、そして運動体であるということです。共同体には人々の交わりがあります。組織には意志決定機関があり、執行機関があり、それぞれ責任ある役割を担う立場の人々がいます。また、健全に運営される団体は一定のルールを持ち、誰か一人の人物や決定権を持つ少数の人々の意向に偏らない方法で行動します。これらすべての要素が、教会を運動体として成り立たせる基盤です。この基盤なしには教会という人々の集まりは成り立たないはずです。

　現代の日本の教会は、自分たちをどんな共同体、組織、団体、運動体と認識しているでしょうか。自分たちの集まりのなかに、どんな力関係があり、どんなルールがあるか、そのルールがどのように運用されているかを振り返ってみることは、教会がすべての人々を招く神の業に仕えるために必要な省察だと思います。教会がすべての人々に開かれていると言いながら、実際はある一定のグループの人々にとっては、招かれているとほとんど感じられないような言動をしていないでしょうか。神の前にすべての人が平等であると言いながら、決定権を持つ聖職者や教会の執行部の意向が常に反映されるような運営状態になっていないでしょうか。さらに言えば、決定権を持つ人々の間ではどのくらいジェンダー平等が達成されているでしょうか。どのくらい、マイノリティの声が反映されるような人選すなわち人事が行われているでしょうか。

無意識の刻み込まれた神学

このようなことを考えていくときに、まず何よりも確認しておきたいことは、私たち一人ひとりが持つ神学的な偏りです。偏りを持たない完全に中立な信仰を持つ人は一人もいません。そして、イエスをキリストと告白しキリストに従う人生を歩むと決めた信仰者は、皆が神学者です。もちろん、アカデミックな場においては、教会のリーダーシップを担う立場となる人々が学ぶ神学があります。しかし、それらの神学についても、全人類にとってスタンダードな神学というものはあり得ません。神学は唯一絶対の正しい解答を求める学問ではないからです。

ジェームス・O・デュークとハワード・W・ストーンの著作[*1]では、「刻み込まれた神学(Embedded Theology)」と「熟慮する神学(Deliberative Theology)」という考え方が紹介されています。自分で気づいていようといまいと、日常生活のなかで出会う人や出来事のすべてが私たちの信仰に影響しています。私たちが何げなく用いる言葉や振る舞いのなかに、刻み込まれた神学は隠されています。自分にとってはごく自然で当たり前のように考えている信仰理解が、実は他者とかなり違うものだったりします。特に意識せずにそう信じているので自分ではわかりにくいのが、いつの間にか刻み込まれた神学（的傾向）です。長い間同じ教会に通い続け、同じ聖職者から説教を聞き、牧会的配慮を受け、おなじみの信仰仲間と過ごしている場合、そこに集まる人々は非常によく似た神学的傾向を抱くかもしれません。

例えば、神への呼びかけ方。日本の教会ではかなり多くの人が公の場で祈る時に「父なる神」と呼びかけているように思います。多くの人々が多くの場所で「父なる神」と呼びかけ続けることが、なぜ問題なのでしょうか。こう呼びかける方々はどんな刻み込まれた神学を基盤にしているのでしょうか。「父」という言葉は男性という属性と結びつく言葉です。「父」と発話した時に女性の姿を思い浮かべる人はいないでしょう。神は性別を超越した存在であるはずなのに、繰り返し「父」と呼ぶことによって、神はまるで男性であるかのようなイメージが無意識に私たちの間に刻み込まれていきます。これまで欧米社会で描かれてきた神の姿も男性です。そのイメージと結びつくことでますます神が男性かのような理解が自分と周囲の人々の間で強化されていきます。

このように、たいへん偏った神理解となることがまずもって、問題です。神への呼びかけ方は聖書を読めばたくさん出てくるはずです。創造主である……、歴史を導く……、愛する……、イエス・キリストを世に送った……、慰め主である聖霊……など。他にも、神が男性であるかのように考えてしまいがちな傾向に結びつくことの問題点を、ぜひ考えてみていただければと思います。また、どんな呼びかけの表現があるか、アイデアを出し合ってみてはいかがでしょうか。

こういった無意識の刻み込まれた神学と違い、熟慮する神学は、刻み込まれた神学に基づく自分（たち）の確信を考え直していく過程において生まれます。なぜ自分は「父なる神」と呼び続けてきて、そのことに問題を感じなかったのだろうか。「求めよさらば与えられん」というみ言葉を信じてきたが、人生においては、そう簡単に自分の望むものが与えられないことがあるのはなぜだろうか。「神は耐えられない試練を与えない」と教わったが、あまりにひどい出来事が多すぎて、もう本当に耐えられない、どうしたらいいのだろうか。刻み込まれた神学に危機が訪れたとき、自らの信仰理解と向き合わざるを得なくなります。向き合って新たにされていく過程で生まれるのが熟慮する神学と言えます。

マイクロアグレッション　無意識下の侮辱や無価値化

安心できる共同体になるためには、刻み込まれた神学の中にある偏り・癖、その限界に気づく必要があると思います。気づきのために、パワーバランス（誰がその集まりで力を持つか）を認識することと、マイクロアグレッションという視点が役に立つと思います。力の保持は必ずしも立場や役職のみに限定されたものではありません。一般企業と比べて役職が持つ力をそれほど重要視しない傾向がある日本のキリスト教会では、性差、年齢差、地域差、経済力の格差などと同様に所属差と所属年数差がとても大きいのではないかと思います。同じ学校出身である、同じ団体に所属している、そしてどれだけそこに長く所属してきたかで、その人の発言や行動が周囲に肯定されるかどうかが変わってくる現実があることを、日本のキリスト教会は認識すべきではないでしょうか。

自己紹介をすると、日本のキリスト者は、「○○を知っている」「□□とはどこで一緒だった」「自分は△△にはこれほど長くいた」という話になりがちのような気がします。その情報は結局、自分のネットワークの強さと所属の長さを表しているにすぎません。その人自身の考えや趣味やどんな意見を持っているかということをどうして話すことができないのか、残念に感じることがしばしばあります。人々が集まったとき、親やきょうだいであっても、どんなに親しい間柄であったとしても必ず力の偏りが生じます。日本のキリスト教会が安心できる場であるためには、厳然として存在するパワーバランスを認め、見極め、力を持つ人々が、自分の持つ力とその影響力を考えなければならないと思います。

さて、マイクロアグレッションは以下のように定義されます。

マイクロアグレッションというのは、ありふれた日常の中にある、ちょっとした言葉や行動や状況であり、意図の有無にかかわらず、特定の人や集団を標的とし、人種、ジェンダー、性的指向、宗教を軽視したり、侮辱したりするような、敵意ある否定的な表現のことである。加害者は、たいてい、自分が相手を貶めるようなやりとりをしてしまったことに気づいていない。[*2]

マイクロアグレッションには、人々が一般に「差別」と聞いた時に連想するような、露骨なものも含まれる。しかし、もっと認識しづらい無意識的なもの、時には、善意にすら基づいた偏見なども含まれることが特徴的である。マイクロアグレッションの「マイクロ」とは小さいではなく、「日常的な」という意味だ。だから発する側には極端に差別的な人だけでなく、日常的に接する教師や友人、恋人や家族、そして心理職をはじめとした援助者も含まれる。マイクロアグレッションの特徴は、これまで一部の人間や政治的な対立場面でのみ生じると思われてきた差別や偏見が、実は人々の日常生活に構造的に埋め込まれていること、そしてその影響は、善意の人間も免れ得ないことを示している。マイクロアグレッションは、日常生活における何気ない会話、眼差し、冗談のなかにその姿を現す。[*3]

さらに、マイクロアグレッションの種類としてマイクロ「インサルト＝侮辱、無礼な言動」、マイクロ「アサルト＝激しい攻撃、酷評」、マイクロ「インバリデーション＝無価値化」があると指摘されています。日本の教会において特に多いのは、無意識のうちになされる侮辱や無価値化だと思います。例えば、皆さんの教会で1年を通して説教で具体的にセクシュアル・マイノリティのことが話される機会がどのくらいあるでしょうか。説教や奨励を語る牧師や信徒が選ばれる場合、異性愛者男性ではないケースがどのくらいあるでしょうか。

日本基督教団の統計データでは、2022年時点、教会で働く牧師のうち3分の1が女性ですが、そのうち主任牧師の割合は48％です。教会で働く男性牧師で主任となる割合は95％です。[*4] 統計データに出てこないセクシュアル・マイノリティの牧師となると、どうでしょう。そもそもカミングアウトしている牧師は数えるほどしかいません。教会ではマジョリティの牧師が語るのが当たり前、その内容はセクシュアル・マイノリティの生の経験が含まれるものにはなかなかなりません。そもそも前提として当事者が語る機会が極端に少ない場になっていること自体が、セクシュアル・マイノリティに対する日常的な侮辱であり、無価値化であると捉えられてもおかしくない状況があるのではないでしょうか。障害者、在日外国人、被差別部落出身者など他のマイノリティに関しても同じことが言えると思います。

マイノリティが独自に集まって安全、安心を保てる集会を持つことはたいへん重要です。ただ、一方で、マイノリティはそこでしか安心を感じられないとしたら、それはおかしな状況ではないでしょうか。本来はすべての教会においてすべての人々が安心できることが、求められるのではないでしょうか。日本の教会が、すべての人が安心を感じられる共同体になれるよう、共に祈りながら考えてまいりたいと願います。

*

1 James O. Duke, Howard W. Stone, How to Think Theologically: Third Edition, Fortress Press (March 1, 2013)

2 デラルド・ウィン・スー、マイクロアグレッション研究会訳、『日常生活に埋め込まれたマイクロアグレッション』明石書店（2020年）34頁

3 朴希沙「埋め込まれた『棘』マイクロアグレッション」、雑誌『臨床心理学増刊第15号あたらしいジェンダースタディーズ 転換期を読み解く』金剛出版（2023年8月）152頁

4「望ましい牧師は男性ですか」、『信徒の友』2023年1月号（日本キリスト教団出版局）

鼎談 牧師のタマゴ

大嶋果織

おおしま・かおり　日本キリスト教協議会（NCC）総幹事。1957年生まれ。聖和女子大学教育学部キリスト教教育学科卒業、関西学院大学大学院神学研究科博士課程前期修了。Louisville Presbyterian Theological Seminary（USA）卒業。日本基督教団芦屋浜教会キリスト教教育主事、日本基督教団龍野教会伝道師を経て、1993年から日本キリスト教協議会（NCC）教育部総主事。2013年から共愛学園前橋国際大学教員、宗教主任を歴任し、2024年より現職。NCC教育部総主事代行を兼務。

篠原基章

しのはら・もとあき　東京基督教大学神学部卒業。日本国際飢餓対策機構（クリスチャン国際協力団体）の働きを経て、米国・カルヴィン神学校修士課程（ThM）、トリニティー神学大学院博士課程（PhD）を修了。専門は宣教学。現在、東京基督教大学教授。寄稿に「宣教と教会――20世紀の宣教思想史を踏まえて」（『福音と世界』12月号、2015年）、「宣教の神学から考える神学教育――序論的考察――」（『福音主義神学』第50号、2019年）など。

未来会議02

先の「タマゴ」たちによる鼎談を受けて、今度はそれを育てる側のお二人に牧師養成上の課題と展望について語り合っていただいた。

未来会議01の感想

松谷　すでに収録済みの牧師のタマゴたちによる鼎談を受けて、それぞれの経験を踏まえて語っていただきたいと思います。

大嶋　招聘や待遇をめぐる生々しい現実について語られていましたが、ずっと以前から女性たちが経験し、指摘してきたことなのに表には出てこなかった話ばかりです。男性も言い始めてようやく聞いてもらえるんだと思ってしまいました。これまで「奉仕」「献身」という名のもとで貧しい生活を強いられながら、生き延びるために必死でやり繰りしてきたのは、妻の立場の女性たちや女性牧師たちなんですよ。以前からあった声が男性に聞こえていなかったか、聞いても聞かないふりをされてきた問題だと思いました。

松谷　招聘に関する制度は、以前から比べると少し改善されているのでしょうか。

大嶋　「卒業したら牧師として教会に赴任したい」と申し出たら「女を呼んでくれる教会などないから牧師と結婚しろ」と神学部の学部長に言われました。実際、結婚した後、「私も一緒に赴任したい」と言ったら「旦那についていけ」と言われて、二人で教会に赴任するという選択肢はまったく検討してもらえませんでした。結局、個人的なルートで最初の教会に赴任したのですが、そこでも当初は夫だけの招聘だったところを、「私も働きたい」という希望を伝え、反対意見もありながら、無給でしたが伝道師という立場で受け入れてもらいました。今でもその教会には感謝しています。救われた感じがしました。

そもそも、謝儀を出したくても教会にはお金がありません。私は外で働きながらも、月1回は説教をしたり、役員会に出たりすることができただけ、当時としてはまだ良い方だったかもしれません。

松谷　ありがとうございます。メディアの責任も多大にあると私は思っているんですが、篠原さんはいかがですか？

篠原　鼎談を拝見して、牧師が働く環境を

働く環境 整える責任を痛感 —— 篠原

整えていくという教団・教派のリーダーシップの責任を痛感しました。同時に教会の役員クラスに該当する人たちも、そういう視点を持っていくことが大事だと思います。一方で、牧師というのはたくさんの恵みを経験できる魅力的な働きだということも改めて思いました。東京基督教大学（TCU）で旧約を教えていただいた恩師は、「牧師になれ。牧師はいいぞ」とよく言っていました。そのことは私にとって大きな宝物です。牧師はたいへんな働きですが、誰よりも恵みを味わうことができる仕事だと思っています。若い牧師が「牧師になれ。牧師はいいぞ」と次世代に言えるような教会であってほしいと思います。そのための環境、制度を整えていくことで、日本宣教が前に進んでいくと思うのです。先の鼎談において、「当たり前のことが当たり前にできていない」との指摘もありましたが、まずはそのような問題に組織的に取り組んでいくことが必要だと思わされました。

ささやかな変化の兆し

大嶋　日本基督教団を含め、私の周りでは女性牧師が増え、また、夫婦で別々の教会に赴任するケースも珍しくなくなってきました。数が増えた分だけ問題が見えるようになってきたという側面があると思います。また、男性牧師の数が減ったから、女性が活躍できる場が増えてきたという現実もあることは確かです。任命制ではなく招聘制を採用している教会では、今でも女性牧師は比較的謝儀の低い教会に赴任することが多いわけで、どんなに制度を整えても、現実的にお金がないのでどうしようもない。牧師の働き方を変えるしかありません。先の鼎談でも話されていたように、そうした現実を認められず、「清貧」の思想に固執しているという辺りに問題がある。教会員一人ひとりの意識の問題も大きいと思います。

松谷　若手に限らず、さまざまな理由で牧師を辞めざるをえない、あるいは休職してしまうという話も耳にします。今後、牧師を育て支える上で、何が必要だとお考えですか？

大嶋　教会が教会であるということは、この社会の中で小さくされている、居場所がない、踏みにじられている人々が共に生きられる場所であることだと思っています。ただ私が最近感じているのは、神学校に行く人たちの中に、社会的にさまざまな課題を負わされ、苦しみながらでも献身していこうと思っている人たちが増えているということです。自身の苦しみや困難を抱えながら派遣されていく。信徒の側は牧師にさまざまな期待をしがちですが、実は信徒が牧師を支えていくという面がさらに重要になっている気がしています。従来の牧師像を持ったまま神学校で訓練することが有効なのか。周囲の信徒も一緒に戦っていこうとしないと厳しいだろうなと。

同時に「小さくされた人」たちの声を聞くという言い方は、やっぱりこれまで中心だった立場からの言い方ですよね。NCCで今回、ジェンダー正義に関する基本方針を総会で採択しましたが、女性や子どもに象徴される、これまで宣教の対象になってきた「小さくされた人」たちが主体になっていける教会こそが大事なのかなと。それをどう作っていけるかが私たちの課題だと思います。

もう一つ、社会の中で弱い立場に追いやられている人たちを中心にして教会形成していこうとするなら、献金が増えることを期待しちゃいけない。弱い立場におかれた人たちは経済的弱者であるし、その人たちを中心にしていこうとする活動がお金を生み出すとは考えにくい。むしろ、教会が貧しくなっていくのは必然。謝儀が十分に出せないのも当然。だったらそれを前提に牧師が働き方を変えるか、教会のあり方そのものを変えていくしかない。

卒業後のフォローアップ

松谷　NCC教育部としても長く神学校新卒者のエキュメニカル研修を続けられていますが……。

大嶋　毎年3月、さまざまな教派の神学校から卒業生たちをお招きし、NCCを含む諸団体の関係者らでお祝いするのですが、自身の教派だけでなく、異なる教派の人々と出会う契機にしようという意図があります。また、キリスト教団体の社会的働きを知ってもらい、その情報を牧会で生かしてもらいたいと考えています。現場でさまざまな問題に出会うでしょうから。

篠原　超教派という視点は重要だと私も考えています。TCUには母校を支援するための支援会という卒業生による組織がありますが、教団・教派を超えた卒業生たちの集まりなので、身内では話せないような相談や愚痴などを分かち合うことができます。このような教団・教派を超えた交わりは、自分たちの教団・教派を客観的に振り返るためにも意義があると思っています。コロナ禍で普及したオンラインを活用し、遠隔で牧師たちのメンターのような役割を担っている先生方もおられ、私たちに何ができるのかという問いを改めて考えていかなければいけないと思わされています。

神学教育に求められること

大嶋　私が神学教育の中で重視してほしいと思っているのは、まず「聞く」ということ。それから対話する力、共感する力。そのための謙虚な姿勢です。かつて、インドで開催されたアジアキリスト教協議会主催の青年大会に参加した時、貧しい人たちが搾取と闘う現場を目の当たりにして、自分が学んできた西洋の神学とは何なのかという問いを突きつけられました。たとえ文字が読めなくても、聖書の物語を聞くだけで、そこから解放のメッセージをつかみ取って生きる力にしていく。その現実に衝撃を受けたことがありました。私がエキュメニカル運動に関わるようになったきっかけの一つです。ですから神学そのものを相対化するような視点を、神学教育の中に意識的に組み込んでいってほしいと思います。

篠原　昨今、カルト問題が注目されていますが、本来、教会は人を縛っていくカルト化と正反対に位置していると考えています。宗教には容易にカルト化する危険性があります。教理が間違っていなかったとしても、人間関係の中でカルト化が起こり得る。でも、福音は本来、カルト化と対極にあるもののはずです。私たちが信じている神の言葉の力、福音の力は本来的に私たちを作り変えていくもので、そこには今まで縛られていたものからの自由と、深い喜びがある。苦しんでいるけれども、そこに希望を見出すことができる。教会はそういう物語が紡ぎ出されていく場所で、それぞれの物語（ストーリー）をお互いに分かち合って、共に喜び神様を賛美していくというサイクルを繰り返していく場だと思っています。

松谷　大嶋さんはキリスト教主義学校での経験もされたわけですが……。

大嶋　私が務めていた共愛学園の場合、というか、ほとんどの大学でそうでしょうが、大学に入学して初めて聖書に触れる学生が多いわけです。その学生たちにチャペルアワーでメッセージを担当してもらうんです。年間30回のうち、6、7回は学生が話します。聖書やキリスト教と結びつけなくて構わない。日々の生活の中で、「互いに愛し合う」「共に生きる」――共愛学園の理念なんですが――をどう経験したか、仲間や先輩たちが語ると、みんな一生懸命聞くんです。クリスチャンが話すと、どうしても予定調和的になりがちですが、新しい視点を持った学生の話に教えられることが多かったですね。伝道しようとか、キリスト者になってほしいとか、あまり考えないほうがかえってよいのではないかと思います。もちろん、結果的にキリスト教や教会に関心を持ってくれるのはうれしいけれど。ただ、現実の教会は、男女の性別役割分業がはっきりしていたり、性に関する話題を口にしにくかったりして、若い世代は違和感をもつかもしれませんね。性に関する感覚の世代間格差は大きいと思います。

松谷　ＮＨＫの朝ドラ『虎に翼』はもっぱらそういうテーマで話題ですが、女性が人として認められていない時代が本当にあったんだと。教会はそういう時代から、どこまで変われたのかと思わされます。お忙しい中、貴重なお話をありがとうございました。

神学そのものを相対化する視点を ―― 大嶋

映画紹介

© WILLOW ROAD FILMS LIMITED, BRITISH BROADCASTING CORPORATION 2023

ごく普通の人々が
「声にならない声」を拾い上げる時

『ONE LIFE 奇跡が繋いだ 6000 の命』

ライター　河島文成

声にならない声

1938 年、スデーデン地方を併合したナチス・ドイツの侵攻は止まらず、プラハは行き場のないユダヤ人難民であふれていた。寒さと飢えで多くの子どもが冬を越せないと知ったニコラスは、仲間を集めてロンドンへの児童輸送に乗り出す。多くの協力を得て計 8 回の輸送を実現するが、最大規模となる 9 回目の輸送当日、戦争が始まって国境が閉鎖されてしまう。助けられなかった子どもたちを思うニコラスは、その後の 50 年を苦悩と共に過ごすことになる。

本作はプラハから 669 人のユダヤ人難民の子どもをイギリスに避難させた、ニコラス・ウィントンの活動とその 50 年後を描く伝記映画。ホロコーストからユダヤ人を救った点で『シンドラーのリスト』と同テーマだが、現在と過去を交錯させせつつ苦悩するニコラスに焦点を当てる点で趣きが異なる。

プラハに迫るドイツ軍の脅威と恐怖が、現在のガザに迫るイスラエル軍のそれと被って見えた。「(ユダヤ人の) ひとりの命を救うことは世界と未来を救うこと」という本作のキーワードが強調する一つの命の「重さ」が、かえってガザで虐殺された（されている）無数の命の「軽さ」を浮き彫りにしている。ニコラスたちの活動によって命をつながれた 6000 の人々は、現在のガザ侵攻をどう見るのだろうか。

ニコラスは助けられなかった子どもたちのことを 50 年間悔やみ続け、「(子どもたちのことを) 考えないことで正気を保っている」と告白する。それに対して周囲は（おそらく本作製作陣も）、助けた命とその未来に目を向けるべきだと語る。

しかし、助けられなかった多くの命を「仕方なかった」と諦められるのは、見ている私たちが当事者でないからではないか。大切な人が理不尽に殺されて「仕方なかった」と簡単に諦められる人はおそらく多くない。その点でニコラスが嘆き続けたのは間違いでなかったはずだ。彼の姿はマタイによる福音書 2 章 18 節を思い起こさせる。

「ラマで声が聞こえた。/ 激しく泣き、嘆く声が。/ ラケルはその子らのゆえに泣き / 慰められることを拒んだ。/ 子らがもういないのだから」

ニコラスはラケルのように慰められることを拒み、その悲嘆をスクラップブックにしまい込んだ。そうやって人知れず悔やみ続けることが彼なりの弔いだったかもしれない。

ごく普通の人々

このプラハにおける児童輸送（「キンダートランスポート」と呼ばれる）がニコラスたち民間人の努力で為《な》されたことに留意しなければならない。もちろんビザを発給したのはイギリス移民局だが、発給に至る困難な交渉と、1 人につき 50 ポンドの保証金集めと里親探し、そして膨大な事務作業は民間人が負わなければならなかった。国家が尻込みした人道支援を、民間人が多大の犠牲を払って行ったのだ。

イスラエルによるガザ侵攻に対して国際社会の批判が高まっているが、どの国もいまだ有効な手段を講じられていない。こうしている間にも生活を破壊され、生命を奪われるパレスチナの人々が増え続けている。巷《ちまた》にはイスラエルを擁護し、イスラエルこそ被害者だと喧伝《けんでん》する声すら上がっている。

ニコラスがキンダートランスポートを実行したのは、実際にプラハのユダヤ人難民キャンプを見たからだ。それはアクセス可能な窮状だった。しかし、現在のガザには立ち入ることさえ実質かなわない。ここにも「声にならない声」がある。

ニコラスと仲間たちが行ったことはもちろん尊い。「目の前で苦しんでいる人を助けたい」という動機は人道支援を行うのに十分だ。そしてそれは特定の国や地域、人種や民族のみに対して行われるものではない。ニコラス本人は本作の映画化に際して「ごく普通の人々が非常に大きな影響を及ぼすことができる」事実が描かれることを願ったという。では私たち「ごく普通の人々」も、現在ガザで行われていることに対して、何か大きな影響を及ぼすことができるのではないだろうか。

（かわしま・ふみなる）

6 月 21 日（金）新宿ピカデリー、ヒューマントラストシネマ有楽町、Bunkamura ル・シネマ 渋谷宮下ほかにて全国ロードショー。

教会に関する現場からの一考察

佐々木 炎

行く当てのないAさん

　Aさんは東北地方の刑務所に傷害罪で2年間収監されていました。満期となりましたが、家族の受け入れができないため、約2万円の所持金をもって、東京に帰ってきました。交通費を引くと手元のお金はすでに1万円ほどになっていました。見知らぬ台東区山谷の地に居を構える不安から、アルコールをひっかけて向かったそうです。しかし、そのアルコールが災いしました。その宿舎は、アルコール依存症の治療をする施設で、アルコールを飲んだ人は入れなかったのです。彼は、行く当てもなく、仕方なく公園で一夜を過ごしました。そして、紆余《うよ》曲折を経て、私たちの教会が運営する「ホッとスペース中原」へつながったのです。

　Aさんは貧困家庭で育ちました。父親はアルコール依存症で、飲めばAさんやその兄弟、そして母親に不条理な暴力を振るいました。母親は精神疾患を患い、家庭に安全やくつろぎはなく、飲食にも困る機能不全家族で育ちました。小学校の時にいじめにあい、不登校になりました。それ以来、学校に行くことはありませんでした。シンナーや大麻、オーバードーズやアルコール等を覚え、19歳のときに歌舞伎町のホストになりました。そこで事件を起こし、大阪へ逃げ、ミナミのホストになりました。しかし、また、そこで事件を起こし、ついに実刑となったのです。

　Aさんはアルコール依存症と薬物依存症です。また、軽い知的障害や発達障害があります。機能不全家族で育ったため、人を信じることや自分に自信を持つことが苦手です。自分の思いや感情、不満や苦しみを適切に表現することができず、孤独の中にいたのです。ですから、これまでの人生で困難に直面すると、他者に相談するよりも、飲酒やクスリで痛みや不快感をマヒさせることを選んできたのです。

ささき・ほのお

ホッとスペース中原理事長。聖隷福祉ヘルパー学園、日本聖契神学校、日本社会事業学校専修科卒業。1998年、NPO法人「ホッとスペース中原」を設立し、現在、高齢者支援、障碍者支援、子育て支援、児童支援、権利擁護事業などを行う。中原キリスト教会牧師。

「逃れる場」としての教会

　私はＡさんと関わり、教会とは何よりも、Ａさんをはじめ、すべての人の「逃れる場」であるべきだ、と考えるようになりました。私たちの社会には、逃げ出さなければ生きられない多くの現実があります。ハラスメント、いじめ、虐待、暴力、老い、失敗体験（受験・家庭・結婚・仕事など）、ジェンダーバイアス、病気、災害、人間関係など、枚挙にいとまがないほどです。そこで受ける違和感やストレスにうまく対処できず、傷ついたり、苦しんだり、打ちのめされたりすることも少なくありません。ときには、尊厳が踏みにじられ、自己否定感や劣等感を覚え、生きる力を削がれていきます。私たちは、そんな痛む連続の社会に晒《さら》され生きています。

　しかしその反面、私たちが加害性も同時に抱えていることに気がつくのです。自分の中にへばりついて離れない他者を排除する醜さ、人間の本質である支配への欲求、私利私欲（エゴ）の強さ、押し付けがましく身勝手な行動。浅はかで、さもしい人間性に、反吐が出ます。そうしたどうしようもない弱さゆえの加害性が自分の中にあることは、紛れもない事実なのです。

　自分の中に同居する被害者性と加害者性。だからといって、そのどうしようもない自分を封印し開き直っても希望のある人生を歩むことは簡単ではありません。では、苦しい自分のあり方はどうしたらよいのでしょうか。

「神は我らの逃れ場、我らの力。苦難の時の傍らの助け」（詩編46・2）

　私たちは、どうすることもできない自己の悲哀や惨めさ、不安や恐れ、孤立や孤独に苛《さいな》まれ、身動きの取れない連続であっても、その私たちが想いを吐露するのを待って受け止めてくださる方がいます。そのことに大きな希望があります。そして私たちの「逃れ」を受け止める方が中心にある場所、それが「教会」なのです。この苦しみで息がつまる社会において、「逃れる場所」として教会があるのです。この「逃れる場所」としての教会に、自分という人間がただ自分のままで、Ａさんをはじめ、私たちは誰もが招かれています。そして、苦難のその状況に、答えや解決がないとしても、常に傍らにいて、聴き、知り、受け止め、分ち、共に歩む方に気がつくのです。そのとき初めて、今にも消えいりそうな心もとない自分にもかかわらず、安心を見出し、未来を向き、一歩を踏み出す「力」を得ることが可能となるのです。この世界は、この「場所」と「あの方」を探し求めて多くの人がさまよっています。

　Ａさんは今、ＮＡ（薬物依存当事者会）、ＡＡ（アルコール依存症当事者会）に通い、自分の思いを語り始めました。また、信頼できる友を得たり恋をしたりしながら、なにげない日常を過ごしています。そして、「私のような人たちの力になりたいです」と、私たちの教会の社会福祉活動における同労者になっています。もちろん、いつかつまずくかもしれません。それでもなお、「逃れる場所」を知っているＡさんは何度も何度も立ち上がってくれるだろうと思います。

　私たちは、生きづらさの中にある人々と共に、自身の生きづらさを互いに共有しつつ、「逃れ、希望を育む場所」としての教会を創造していく必要があるのではないでしょうか。

ルポ

「居場所づくり」最前線

TRPGで

新たなコミュニケーションの糸口を

一つの卓を囲み、6面体、10面体など各種ダイス（サイコロ）を振るたびに一喜一憂する5人。中央の1人は「ゲームキーパー」と呼ばれる進行役で、あとの4人は初参加を含む下は中学生から上は30代の青年までのプレイヤー。

場所は東京都小金井市の東京学芸大学。研究員の加藤浩平さんが、自閉スペクトラム症（ASD）をはじめ発達障害のある子どもたちを対象に開催している「日曜余暇プロジェクト」（通称「サンプロ」）の一幕だ。

TRPG、正式名はテーブルトーク・ロール・プレイング・ゲーム。1980年代に海外から翻訳版の元祖『D&D』が輸入されて以降、根強い人気を博し、今では専門のカフェが相次いでオープンするなど、多くのファンを魅了し続けている。アプリゲーム全盛の近年はとりわけ、対面で会話によって物語を構築していくアナログ（非電源系）ゲームの一種として再注目されている。

この日、毎月1回の定例会で遊ばれていたのはクトゥルフ神話TRPG第7版の公式シナリオ「とおりゃんせ」。キャラクター作成に約1時間、実際のプレイは3時間に及んだ。教員、YouTuber、ニート、歴史学者という職業も能力も異なる4人が「探索者」として、ひょんなことから巻き込まれた難事件に挑む。クトゥルフ神話（米小説家H・P・ラヴクラフトによる作品をベースとして体系化された）特有の禍々しさを醸しつつ、派手な戦闘シーンこそないもののスリリングな展開が続いた。

ボロボロに使い込んだルールブックを持参した中学生のAさんは、意外にも実際にプレイしたのは今回が初だという。ネット上のリプレイ動画（実際に遊んでいる様子を撮影したもの）を機にクトゥルフにハマり、繰り返し視聴しながらルールブックを読み込んでいたため、未経験ながら用語や世界観についてかなり詳しい様子。終了後は、「実際にプレイできて嬉しかった」と満面の笑みを見せた。

「発達障害のある子どもたちは、一般に人付き合いが苦手と言われますが、必ずしも集団活動やコミュニケーションが嫌いなのではありません」

自身も小学生の時、級友や周りの大人も巻き込んで『D&D』の「布教」に邁進したほどのTRPG愛好家。専門書の編集者でもある加藤さんは、取材を機に余暇支援ボランティアとして自閉スペクトラム症（ASD）のある子どもや若者と関わるようになり、久々にTRPGを遊ぶ中で、プレイ中と実生活と比べコミュニケーションの取り方が明らかに異なることに気づいた。

以来、編集業と並行し研究者としての余暇活動支援を続け早10年余り。この間、加藤さんの研究を通して中高生時代にTRPGと出会い、今はゲームマスター（GM）として欠かせない役割を担うASDの青年、院生として加藤さんの指導を仰ぎつつ活動に協力するスタッフもいる。

これまでの研究から、「ルールという枠組みやキャラクターという役割による情報の明確化」「キャラクターを介した間接的なコミュニケーション」「ルールの枠内での自由な行動選択」といったTRPGの構造が、発達障害の特性と相性が良いのではないかと考えられている。実際に、加藤さんの研究では参加者のコミュニケーションがポジティブに変化し、また「生活の質（QOL）」（精神的健康や自尊感情、友人関係など）が向上したという研究結果も出ている。

見学に同席した臨床心理士で俳優の小野寺史穂理さんは、「演技を取り入れたワークショップや、音楽や絵画を用いた心理療法にも通じる効果を実感できた。TRPGは初体験だったが、今後の支援にも活用できそう」と期待を寄せる。現在、子どもの支援などに携わる心理カウンセラー、教員、地方議員、研究者らの見学希望が後をたたない。

発達障害をはじめ、学校の集団行動や管理・抑圧的な空気になじめないなど、生きにくさを覚える若者は教会にもあふれている。TRPGは彼ら、彼女らが新たな表現ツールを獲得するヒントを提示してくれるかもしれない。

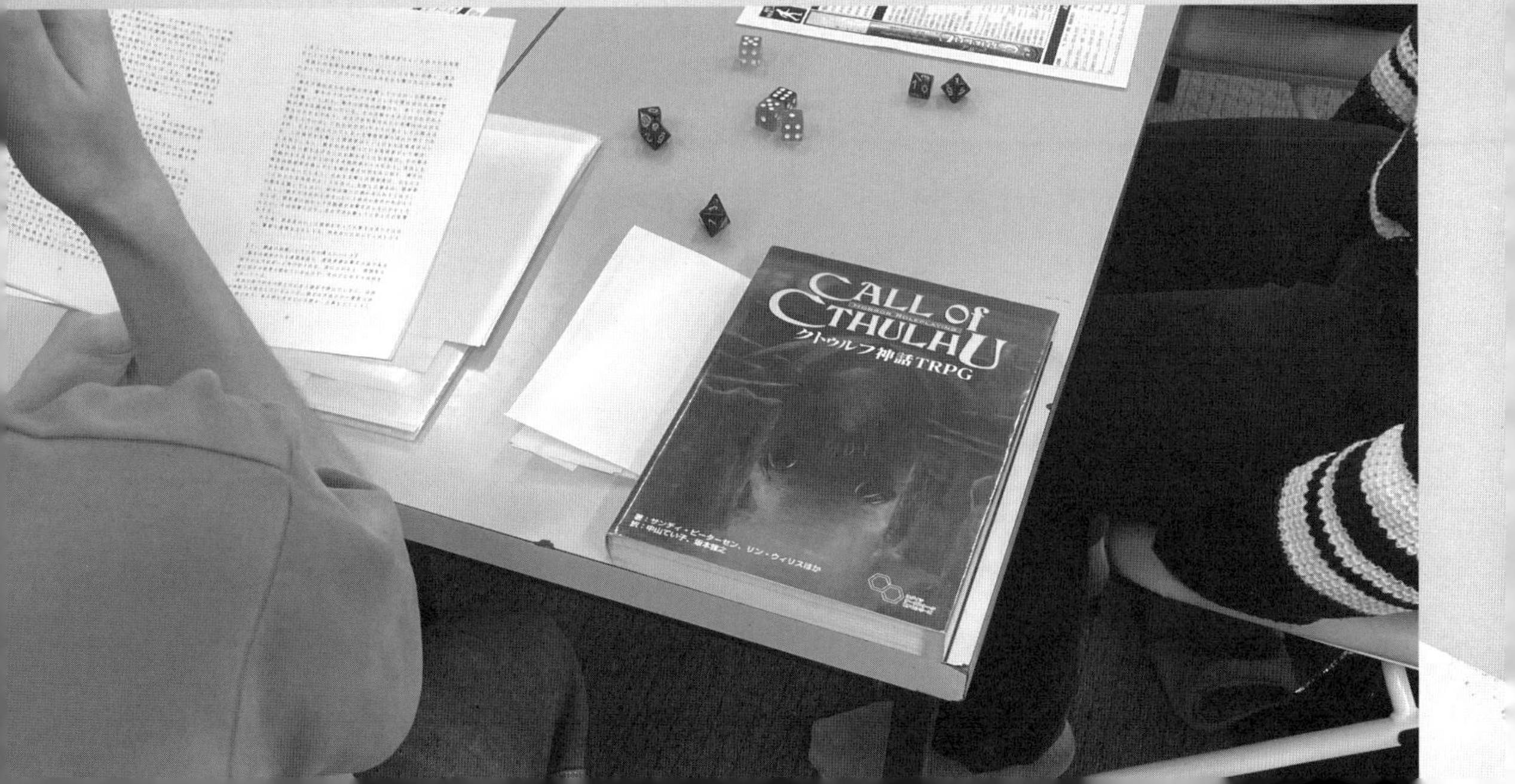

現役大学生の声

なぜ私は日曜日に教会に行けないのか

大学4年　東京都　荻野ミチル

大学生の実状を知って

私は毎週日曜日に教会へ行けなくなった。自分なりに理由を分析してみると、教会に行く「ハードル」がいかに高いか、そして一度教会から離れても同じところへ戻れるのかという不安があることに気がついた。新年度・新学期が始まる次期、教会に行くことの難しさを、より一層肌で感じている。

そもそも現役大学生にとって、毎週日曜日の朝10時半（奉仕がある場合にはさらに早い時間）に教会へ通うことが、どれだけたいへんなことなのか、教会は理解しているだろうか。

大学生活は想像以上に忙しい。1年生は大学生活に慣れるだけでひと苦労。（学年を問わず）毎日、課題を期限内にこなし、大学での人間関係の構築、サークル活動や部活動……さらにはアルバイトもしなくてはならない（経済状況などの個人差はあるが）。そして、3年次からは年々早期化している就職活動の準備、4年次は本格的な就職活動と同時に、卒業論文の執筆もしなければならない。だから、教会を「サボる」というより、「余裕がない」というのが実状だ。

大学では当たり前のようにマルチタスクが求められる。これらのことを器用にこなせる学生ももちろんいる。だが現実には、この競争的な仕組みにすべての人が適応できているわけではない。そして、「適応できない」者は「役に立たない」と見放される。これは大学生に限らず、現代社会全体にも共通する深刻な課題である。

日曜午前の縛り

身近な友人もこの春、大学を卒業し、社会人として新たなスタートを切った。彼女も私も、同じキリスト教主義の大学でキリスト教に触れ、各々の教会で洗礼を受けて、在学中にクリスチャンとなった。そこで気づいたことがある。それは、日曜午前に時間を割ける人、経済的にも時間的にも許された人でなければ教会の礼拝には行けないという事実。私の友人は職業上、土日祝日は特に仕事が忙しく、休むことができない。したがって、おのずと教会から足は遠のく。

教会によっては、「日曜日は必ず主日礼拝を守るべき。だから、仕事を選ぶ際には日曜日が休める仕事にしなさい」と指導する場合もあるという。いったい教会は、どれだけ時代遅れの価値観のままなのか。

「しかし実際は、多くの部分があっても、体は一つなのです。目が手に向かって『お前は要らない』とは言えず、また、頭が足に向かって『お前たちは要らない』とも言えません。それどころか、体の中でほかよりも弱く見える部分が、かえって必要なのです」（コリントの信徒への手紙一12章20～22節）

日曜日、礼拝に行くために乗った電車やバスの運転手をはじめ、さまざまな多くの働き人によって社会は支えられている。だからこそ日曜日の午前中だけにとどまらず、例えば平日の夕方から夜にかけて、仕事帰りにふらっと立ち寄ることのできる集まりをたまに開催したり、礼拝堂を開放したり、祈りたい時に祈ることができる場を設けたりしたら、今まで以上に教会と若年層の結びつきができるのではないか。そうして初めて、教会や信仰の継承という話ができるのではないか。

その友人と会った際には、必ず「教会」の話をする。現在、社会人になりたてで毎日苦労していること、不安を覚えていること……。同じように新社会人としての歩みを始め、慣れないことが多い毎日を過ごす日々だからこそ、「より所」が必要だと感じる。

久しぶりに行けて感じたこと

先日、私は久しぶりに教会に行くことができた。数カ月間、教会から足が遠のいてしまった。土曜日の夜には何度も何度も、頭の中で久しぶりに教会員に会った時のことをシミュレーションしていた。直前まで、私は孤独と緊張、不安な感情でいっぱいだった。けれども、いざ行ってみると「久々に教会に来ることができた！」というほっとした気持ち、安《あん》堵《ど》、喜ばしい気持ちに満たされた。しかし、教会という社交場において私は素のままの自分であり続けることができただろうか……。「久しぶり！　元気だった？」と声をかけられ、私はさも元気であるように振る舞い、このまま「元気な自分」でいられるような気もしていたのだが、教会からの帰り道、一人に戻った瞬間、肩の荷が下りた感覚があった。次に浮かんだ感情は、私は来週も教会に行けるのだろうか……という不安であった。

「教会」こそ、集う人同士が互いを慰め合い、癒やされる場であると私は考える。イエスが弟子たちの足を洗ったように、私たちもお互いに1週間世の中で働き、汚れた足を洗い合い、互いにケアし合うものではないか、と。

そのような場であるのにもかかわらず、私たちはなぜ教会で窮屈な思いをしなくてはならないのだろうか。「恵まれました」「ハレルヤ!!」と表向きに口にしている〝証し〟は、本当に偽りのない証しなのだろうか。確かに心が弱っている時、とにかくポジティブな言葉を発したり、明るい賛美をしたりすることで元気になれる。しかし、そのような明るい空気に合わせなければ教会に居づらくなってしまう現状もある。本当は楽しいと感じられなくても、猫をかぶって「明るく楽しい自分」を演じていないだろうか。

昨年出版され、キリスト教界で大きな話題を呼んだ最相葉月さんの著書『証し　日本のキリスト者』（ＫＡＤＯＫＡＷＡ）にあるように、教会の証し集には決して載ることのない信徒たちの声が存在する。教会のことをむげに批判するつもりはない。むしろ、長期的に見て教会にとって大切だと考える。だからこそ、今、教会に足を運びたくても運ぶことのできない現実を伝えたいと思い、正直な思いを綴《つづ》らせていただいた。

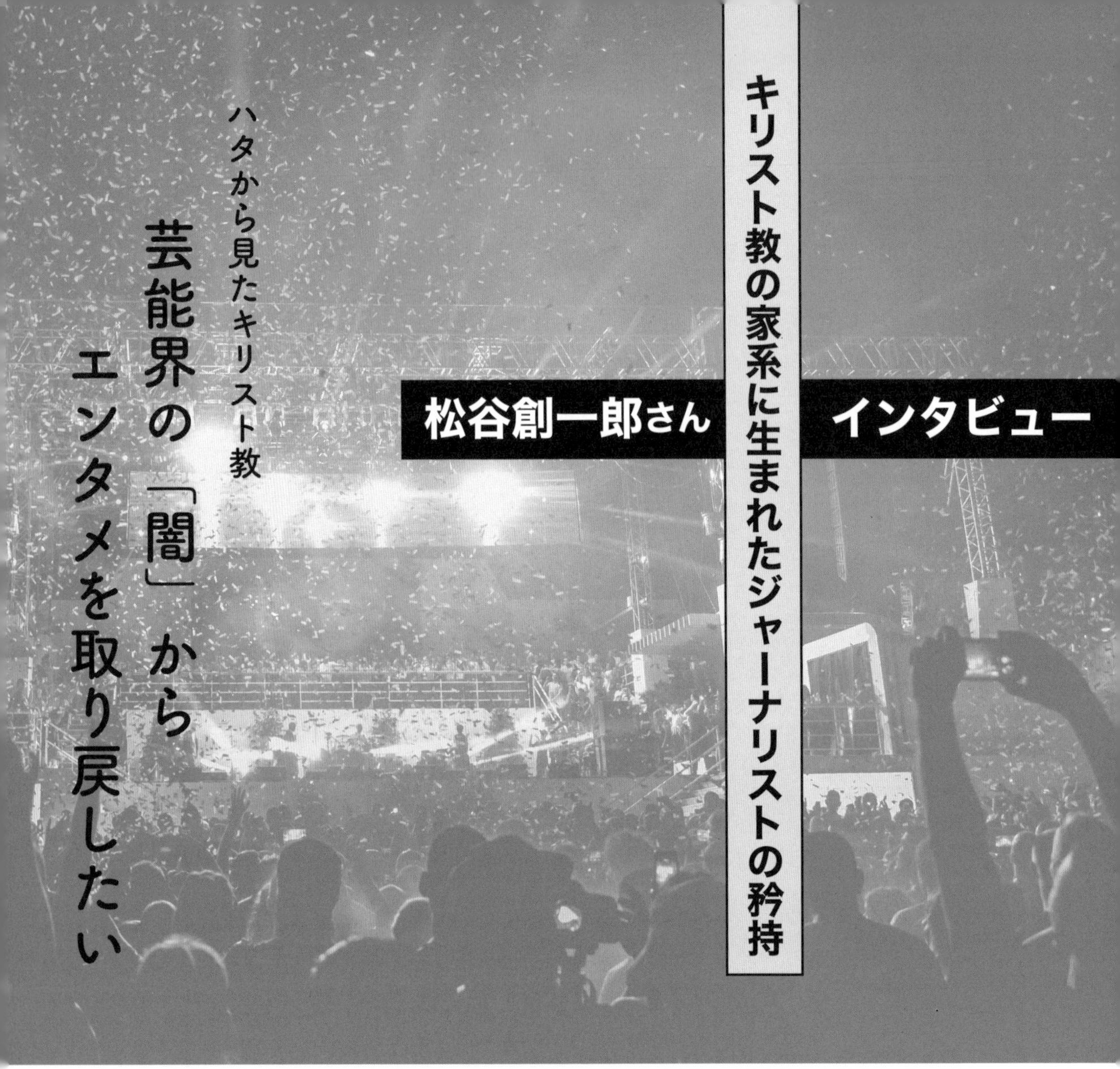

キリスト教の家系に生まれたジャーナリストの矜持

松谷創一郎さん インタビュー

ハタから見たキリスト教

芸能界の「闇」から エンタメを取り戻したい

ＢＢＣのドキュメンタリーを機に表面化した故ジャニー喜多川氏（２０１９年死去）による性加害問題と、その背景にある芸能界の構造的な「闇」。２００４年、週刊文春との裁判で最高裁が喜多川氏による性的虐待の「真実性」を認定していたにもかかわらず、ついに加害者本人が存命中にその罪を問われることはなかった。旧ジャニーズ事務所「SMILE-UP.（スマイルアップ）」による補償は、４月15日時点で９８１人が申告。４３４人に補償内容を通知したうち３７７人が合意し、３５４人に支払いを終えたという。

２０１６年、ＳＭＡＰの解散騒動と〝公開処刑〟に違和感を抱いて以来、ジャニーズ事務所が長年にわたりメディアや他事務所に圧力をかけてきた事実を問題視してきた松谷創一郎さん。一方で、カウアン・オカモトさんに続き元ジャニーズJr.のメンバーらが声を上げるまで、性加害の実態を追究し切れなかったことを悔やみつつ、再発防止のための明確なルール策定の必要性を訴える。

――ジャニーズ事務所と仕事上での接点はありましたか？

今では偉そうに専門家のような立場で話を

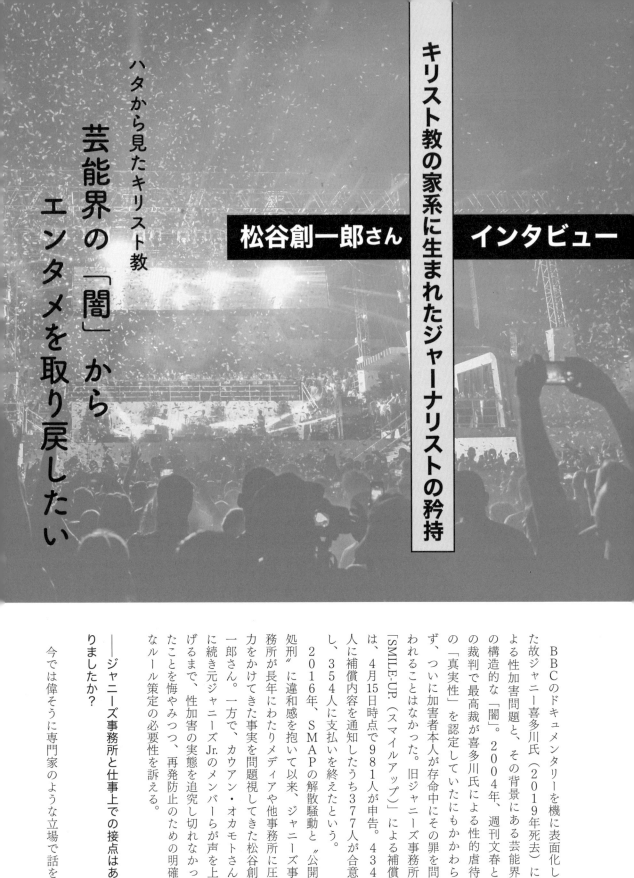

してはいますが、特にジャニーズ事務所と仕事をしたことはありません。カトリック教会の司祭による性加害も、イギリスBBCテレビの人気司会者であるジミー・サビル氏による問題も知っていながら、ジャニーズ事務所のアキレス腱を率先して切りにいけなかったことについては忸怩《じくじ》たる思いです。証拠も証言も限られていた中で、どこまで追及できたか定かではありませんが、少なくともジャニー喜多川氏が存命中であれば、今よりも広がりがあった可能性はあると思います。

——現役の社員は無理にしても、当時のマネージャーや、実際にメンバーから被害相談を受けた人物もいたわけですよね。なぜ、そうした証言が出てこないのか不思議です。

理由はシンプルで、現役タレントを守るためです。少なくとも副社長だった白波瀬傑さんは、かなり事情を知っているはずで、実際に彼が方々で圧力をかけていたと思われますが、それらを示す書類や音声データなどの証拠がないのも確かです。被害者のことを考えれば、何もかも白日の下にさらせばいいわけでもないので、ある程度、落としどころは必要だと思います。

——事務所は早々に「網羅的な調査はしない」との方針を打ち出しましたが、被害者のプライバシーも現役タレントの地位も守りつつ、さらに踏み込んだ調査ができる余地はまだあったのではないでしょうか？

あったと思います。「外部専門家による再発防止特別チーム」による実態調査は期間も短かったですし、結果の公表も『24時間テレビ』の2日後というタイミングでした。海外のケースを考えれば、あの程度で許されるはずがないので甘いとも言えますが、それでも事務所側はよく譲歩したと思います。まだ明かされていないことがすべてオープンにされてしまうと、NHKも含め芋づる式にテレビ各局の社長全員が辞職に追い込まれるほどのインパクトを持つ可能性もあります。

——落としどころはどのあたりになると考えていますか？

2016年からこの問題を追ってきた身として、ゴールはやはり法整備だと思っています。いきなり全部は難しいとしても、最初は芸能プロダクションを登録・認可制にして、その第一歩があれば次も見えてきますし、小さくても一歩ずつ実績を積み重ねることしか今はできないのではないでしょうか。契約関係でしてはいけないことを周知するような、最低限の研修制度を設けるとか。資格を得て初めて芸能プロダクションを名乗れるような仕組みだけでも、かなり意味はあると思います。現状ではそれすらもありませんから。

私が最終的に目指したいのは、音楽や映画やドラマという良質なコンテンツを、芸能界の悪習やしがらみからいかに取り戻していくかということです。

——ファンの一部が、告発した被害者らを誹《ひ》謗《ぼう》中傷するという現象にも驚きました。

生活の中にジャニーズのコンテンツが密接に溶け込んでいるような人たちが、今回の事態を受けてどうしたらいいか分からずに困惑したというのが実態だと思います。ジャニーズのファンはあくまで消費者で、タレントは消費する対象という印象です。現状の「推し活」は、優雅で耽美《たんび》なものを見て欲求を満たすという行為であって、そのタレントに人権があるか否か、労働環境や待遇がどうかということには関心がない。もちろん、事務所に改善を求めて署名活動を立ち上げたファンもいましたが、多くのファンはあいまいなまま、フェードアウトしていってほしいと願っています。むしろ新会社がうまく軌道に乗って、現役タレントの活動が維持できるという見込みがついたら、告発した被害者への誹謗中傷も相当減ると思います。

一時期、大学で教えていた時にも感じたのですが、ジャニオタとK－POPファンの気質はまったく違います。ジャニオタが内向的でオタクっぽくて静かで従順な人が多いのに対し、K－POPファンは自分でもダンスを踊ったりするアクティブな人が多い印象です。海外に対しての視点を持てているという点でも非常に対照的。日本のエンターテインメントでは、基本的に社会性がまったく描かれませんし、描かれたとしても非常に記号的です。エンターテインメントにつかる人たち自身、ある種の社会性に乏しいというのが日本の傾向だと思います。

——新会社「STARTO ENTERTAINMENT（スタートエンターテイメント）」が4月から始動しましたが、どう見ていますか？

4月以降、コンサートもライブも始めると発表されましたが、当初の説明では補償会社であるスマイル社とファンクラブの関係が切り離されることが前提のはずだったのに、その通りにはなっていません。日本の場合、芸能プロダクションは制作会社でもあり知的財産権を保有するわけで、新会社に移籍したタレントが過去曲を披露すれば、スマイル社にもお金が入ります。関係が切れたとは到底言えない。廃業を宣言したスマイル社は、補償以外のすべての事業を手放すのが筋で、私たちもそこはしっかり注視していくべきです。

元ジュニアの二本樹顕理さん（右から２人目）らと会見に臨む松谷さん（右端）

——そもそもジャーナリストとしての原点は？

高校時代の複数の友人が芸能界に入り、当時から芸能界自体が遠い世界とは感じていませんでした。一人は3年間同じクラスだった女性ですが、2年で辞めました。彼女は芸能界に入らなければ、もっと違う人生があったかもしれない。多くの若者が大事な青春時代のほとんどを芸能活動にささげる一方、誰もがデビューできるわけではないので当然リスクがあります。

中学を卒業後に上京して、高校も行かずにアイドル活動をしている人たちの取材をしたこともありました。一般的には成功している人ばかり目につくので、華やかに見られがちですが、99％は成功しないんですよ。そういうリスクを少しでも減らしていかなければいけません。アイドルをやめても会社勤めは厳しいので、AV業界などから声がかかると受けざるを得ない。そういう構造自体をなくしていきたいという思いが常にありました。

——人気商売の芸能人は、ただでさえ不安定で厳しい環境に置かれていて、精神的な負荷も大きいと思います。

特に地下アイドルの自殺率の高さなどは、おそらく他の芸能人の比ではありません。やはりマーケット自体を健全化することが重要です。資本主義社会の中で、ある程度の健全な競争原理が働けば悪質な業者は淘汰《とうた》されていきます。長年、メディアと芸能プロダクションが組んで仕事を回してきた構造自体を作り替えないとどうしようもない。韓国では実際、政府系の独立機関として「韓国コンテンツ振興院」が機能しています。時間はかかるかもしれませんが、日本も海外の先例に学び教訓を生かすべきです。

――キリスト教との接点について教えてください。

私自身、家族や親族にクリスチャンが多いキリスト教と関わりの深い家系だったので、自分とプロテスタントの関係についてはずっと考えてきました。聖書を持ってはいても別に熱心に読んだわけでもなかったのですが、なぜ他の人と違う方向を見てしまうのかという生きづらさを覚えていた記憶はあります。その要因に宗教観があると自覚的に気づいたのは20代になってからでしたが、ひと言で言うと心の中に神様がいるかどうかという違いなんですよ。逆に、そうではない人がどういう倫理観で、何を判断基準に生きているのか分からなかった。多くの日本人にとって、それは自分が仲間と見なす「世間」なのかもしれません。本来、世間の外にある風景も含めた全体が「社会」であって、そこでいかに生きていくのかが求められるし、それがいわゆる公共性なんですが、内なる神が存在しないので世間を見て判断するしかない。内的な正しさや倫理感を持たない人たちといかに生きていくのか、周りに流されない正しさをいかに伝えていくのか、中学生ぐらいから40年以上ずっと考えてきました。やっていることはおそらく一貫して変わっていないと思います。よく「ブレないですね」と言われるんですが、逆に言えば他の人たちはなぜブレるんだろうと不思議でした。

――それが現在の仕事にもつながっている。

いかに多くの人々に伝えられるかという意味では、それこそメディアの役割だと思うんですよ。ジャニーズの問題で言えばジャニーズファンに対してではなく、ファンではないけれどもエンターテインメントや芸能界に興味がある人たちに発信することで、問題を広く捉えてもらう。そのためには時に割り切りや戦略も必要です。

日本の市民運動に足りないのは、たとえ言っていることが正しくても、正しいことが正しく伝わるわけではないという自覚です。野党もそうですが、みんな真面目でちゃんとしているんだけれども、丁寧な伝え方やタイミングという点で下手だなと思うことは多いですね。

――教会もまったく同じ課題を抱えていると思います。

これほど情報があふれた時代に、真剣に何かを信じ続けることはものすごく難しい。私は洗礼を向けていませんが、完全に体から拭い去ることもできないので、100%何も信じない無神論者というわけでもなく、うまく付き合えるはずだと思うんですよ。自分の一つの行動の指標として、聖書に書いてある一説があってもいい。私の葬儀はキリスト教式で教会で行うことになると思うので、そういう付き合い方がいいなと思います。理想とする宗教的な立ち位置ではないかもしれませんが、少なくとも何も考えず神社に行くよりはいいんじゃないかとは思うんです。

聖書はおそらく、人類史上最も危ない書物でもある。同時に最も人を救ってきた書物でもあることは間違いない。韓国のドラマや映画で、キリスト教を含む宗教をモチーフにした作品がたくさんあります。子どもを殺された母親を描いた『シークレット・サンシャイン』とか、最近だと『地獄が呼んでいる』というNetflixで配信された作品とか。救いのないドラマの中に、信じることの意味や価値など、宗教的な問いが投げかけられていて、信者ではなくても十分に見る価値があります。

国内でも、話題になった漫画の『チ。―地球の運動について―』などもそうですね。宗教を信じなければならない世界の中で、自分のインテリジェンスや学問から得たものを否定するという葛藤が描かれている。作者の魚豊さんはまだ20代中盤で、陰謀論をテーマにした最新作の『ようこそ！ＦＡＣＴへ』も実に見事。いろいろなことを気づかせてくれます。そういう萌芽《ほうが》を見ると、日本のエンターテインメントの豊かさも希望も感じます。

――エンターテインメントの担うべき役割があるとすれば？

実は娯楽産業として還元できる以上の効能があると思っていて、それは数値化しにくいものなんです。ソフトパワーという経済効果として算出される場合もあるけれども、人生のヒントとなるような気づきを与えてくれるもの、自身の生き方を考えさせられてしまうという機会は、たくさん得られるわけです。欧米のアカデミー賞などを見ていると、映画や音楽に対して、たかがエンタメと見下していません。そういう感覚も是正していきたいですね。

今の日本社会に漂っている感覚は、未来志向ではないと思うんです。これから5年後、10年後、自分はどうありたいのか、社会はどうあったらいいのかというビジョンがない。逆に言えば、現状で満足しているから変える必要性を感じないという面もあるかもしれません。この国の仕組みは確かに出来がいい。でも、今のままでいいとはまったく思いませんし、とりわけ芸能界においては倫理観と同時に、未来観を取り戻したいと切に願っています。

――ありがとうございました。

まつたに・そういちろう

1974年広島県生まれ。中央大学大学院文学研究科社会情報学専攻博士後期課程単位取得退学。文化やメディアについて幅広く執筆。専門は文化社会学、社会情報学。著書に『ギャルと不思議ちゃん論　女の子たちの三十年戦争』、『SMAPはなぜ解散したのか』、共著に『ポスト〈カワイイ〉の文化社会学』、『文化社会学の視座』、『どこか〈問題化〉される若者たち』など。

書籍紹介

「声にならない声」に訊くための3冊！

岡田 薫

日本福音ルーテル帯広教会牧師・札幌教会協力牧師

絶対に外したくない1冊目は、**『失敗しないためのジェンダー表現ガイドブック』**（新聞労連ジェンダー表現ガイドブック編集チーム、小学館）。本書は「ジェンダー平等を日本で早く実現したい。それにはまず、自分たちが発信する記事から見直さなければならない――」（はじめに）という現役の記者たちの強い危機感と、自省の念を込めて綴《つづ》られた「気づきの書」ガイドブックです。目次を見るだけでもワクワク×2。ガイドブックらしく、具体的事例のみならず改善策まで示してあるところが何とも親切。業界人・一般人の区別なく、ジェンダー問題に意識が向いていた人にもそうでなかった人にも今日から生かせる内容となっています。

第1章「ジェンダーの視点で見る表現――事例と改善案」では、「夫はフルネーム・妻は名前のみ」や「男女で分ける必要、ありますか」など、当たり前のように行われていた無意識の男尊女卑と性別二元論を可視化して、それって本当？　無意識の偏見あったりしませんか？　と一つひとつ丁寧に確認して、改善案が提示されています。手元にあるのは第4刷（2022年）ですから、結構な勢いで増刷されている模様。世間がアップデートしているスピードに、キリスト教界隈はかなり出遅れているのではないかという危機感を抱きつつ、ぐいぐい引き込まれていきます。

第2章「ウェブで起きていること――変わる・変える意識とルール」は、内容がやや専門的になりますが、今や誰もがSNSなどを通して発信者となりうるのですから知っておいて損はありません。その中でも「もの言う女性へのオンライン・ハラスメント――太田啓子弁護士×武井由起子弁護士インタビュー」は読み応えがありました。匿名性によってオンライン・ハラスメントを行う側はほぼダメージを受けない一方、被害を受けた側の損失は甚大。

第3章「弱者に寄りそうジェンダー表現

BOOK REVIEW

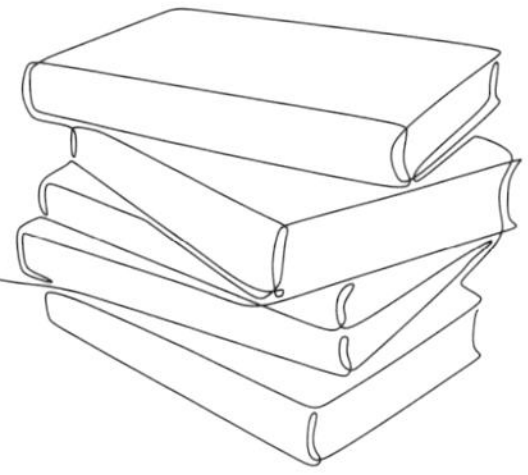

――性暴力を伝える現場から」にも通じることですが、被害が矮小化され隠されたり、泣き寝入りしたりすることも少なくなかったところに、勇気をもって被害を可視化し、声を上げる人たちが現れ、それを支える人々によって少しずつ変化している現状（報道する側の葛藤含め）が語られています。課題やハードルはまだまだ多くありますが、勇気をもって声をあげた人の声を無視せず、差別、偏見、暴力には黙さない態度で応じる姿勢でありたいという人々の姿に希望を感じました。

第4章「失敗から学ぶ人・組織作り――メディアの現状から」の最終部あたりに「意思決定の場が変われば表現も変わる」を目指して（241頁）という段があります。ジェンダー諸課題がメディア内で放置されていた理由として、新聞労連は意思決定の場に当事者が不在であったためではないか、という問題意識を持ち意思決定の場にクオータ制を導入するなどして現場での改革を進めていきます。その取り組みが進んでいく中でさまざまな課題が「見える化」されていき、「ジェンダー格差やワークライフバランスの諸課題が男女共通のものであり、性別を問わず個人個人が尊重されているかどうかの人権問題であることが認識されました」とあります。意思決定の場面に近づくほど女性の割合が低くなる／当事者不在などの現象は、私たちの身近なところにもあるのではないでしょうか？

本書と出会い、これまで漠然としていた違和感やモヤモヤの正体らしきものが浮かび上がってきたように感じます。また私自身も無意識のうちに「女性は男性より劣る」「〇〇らしさ」などという無意識の偏見（アンコンシャス・バイアス）を内面化していたのではないかとハッとさせられました……。まさに気づきの書。日常の中で当たり前のように繰り返され、見過ごされている小さな表現が、やがて大きな偏見や差別を育てていってしまう悪循環……から飛び出すきっかけの書。気づきによって変化が生まれ、新しい世界をつくっていけるのならば一刻も早く気づいたほうがいい！　知ってしまったからにはもう戻れません。個人としても教会としてもジェンダー表現のリテラシーを高め、日々バージョンアップに励むのみ！　強くお勧めする1冊です。

BOOK REVIEW

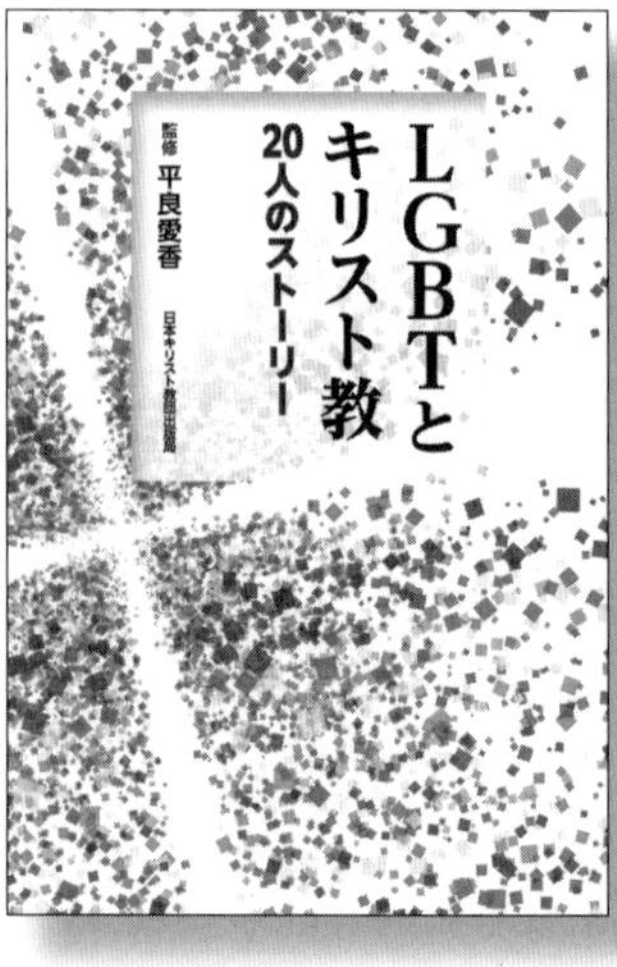

2冊目は**『LGBTとキリスト教——20人のストーリー』**（平良愛香監修、日本キリスト教団出版局）。この本については私が多くを語るより、ぜひ手に取って証言されているお一人おひとりのいのちのことばに直接触れていただきたい。一つひとつのストーリーとコラムには性と生の多様性、グラデーションの豊かさがあふれています。読み進めるうちに自分の中に染みついている無意識の偏見との対峙が起こるかもしれません。その時は、自分を絡めとっていた何かからの解放のきっかけ、チャンスだと受け止めそれとしっかりと向き合ってください。本書のまえがきにも「十人十色、全員が一人一人違うのだという前提がある社会を目指す一助に、この本がなることを願っています」とあります。

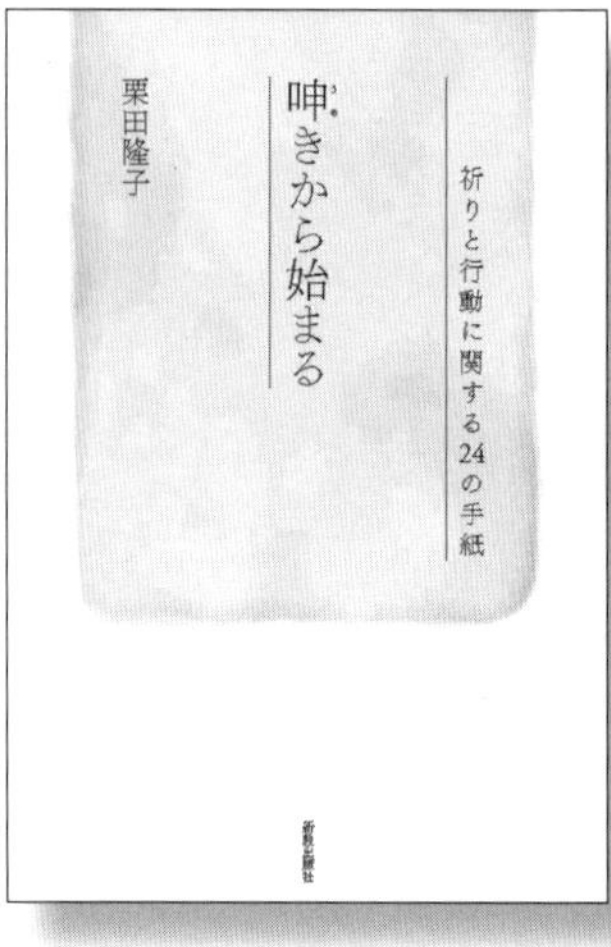

3冊目は**『呻きから始まる——祈りと行動に関する24の手紙』**（栗田隆子、新教出版社）。本書は世界中が未曾有のパンデミックに見舞われていたころ、『福音と世界』で連載された記事を書籍化したものです。帯にある「私にとってフェミニズムと信仰はどちらも必要なものです」にまず心打たれました。そして「ここで書いたものは〜空き瓶通信のように誰に届くかわからないけれど、それでも投げ送った手紙なのです」（この本を手に取ってくださったみなさまへ）を読んだところで感涙。というのも、なんで女に生まれてきてしまったんだろう。男だったらこうは言われなかっただろうなぁと溜め息やぼやきを吐きつつ生きてきた私にとって、栗田さんのことばや文章との出会いは自分でも気づいていなかった心

の武装解除への入り口となったからです。「非男性牧師あるある」な出来事かもしれませんが、男性異性愛者が標準とされている場面に遭遇すると少なからずダメージを受けます。長年いくつものモヤモヤしたものやチクチクするものと格闘しながら、日本の片隅で務めに励んできました。いつしか自分の中で咀嚼《そしゃく》できていないようなことばを、無理して使っていることに疲れきっていたのです。「既存の在り方や制度や社会を疑うからこそ、自分の想像や枠組みを超えるものがあると信じ、そしてそれを『信じる』際には本当にそれは新しいものなのか、既存の誰かにとっての特権的なあり方に過ぎないものなのか、そしてそれは信じるに値するものなのかを考える『疑い』が生じます。これら二つの営為を振り子のように往復しながらこそ私は生き、また生きながら常に自分の狭い枠組みだけではないものへと開かれ、言葉と行動が生み出されていくと感じているのです」という栗田さんの言葉に、深い洞察と慰めを与えられました。モヤッとしたものたちとの付き合い方は自分自身で決めていいのだと気づかされ、自分のことばで語っていいのですよと励まされた思いです。

続 こころを育む

医療系チャプレンの働きから

本誌第 50 号まで 4 年にわたり連載していた「こころを育む」。書籍化の要望に応えて、全 20 編をまとめたいと検討中。別冊刊行にあわせて加筆分の一部をおすそ分け。

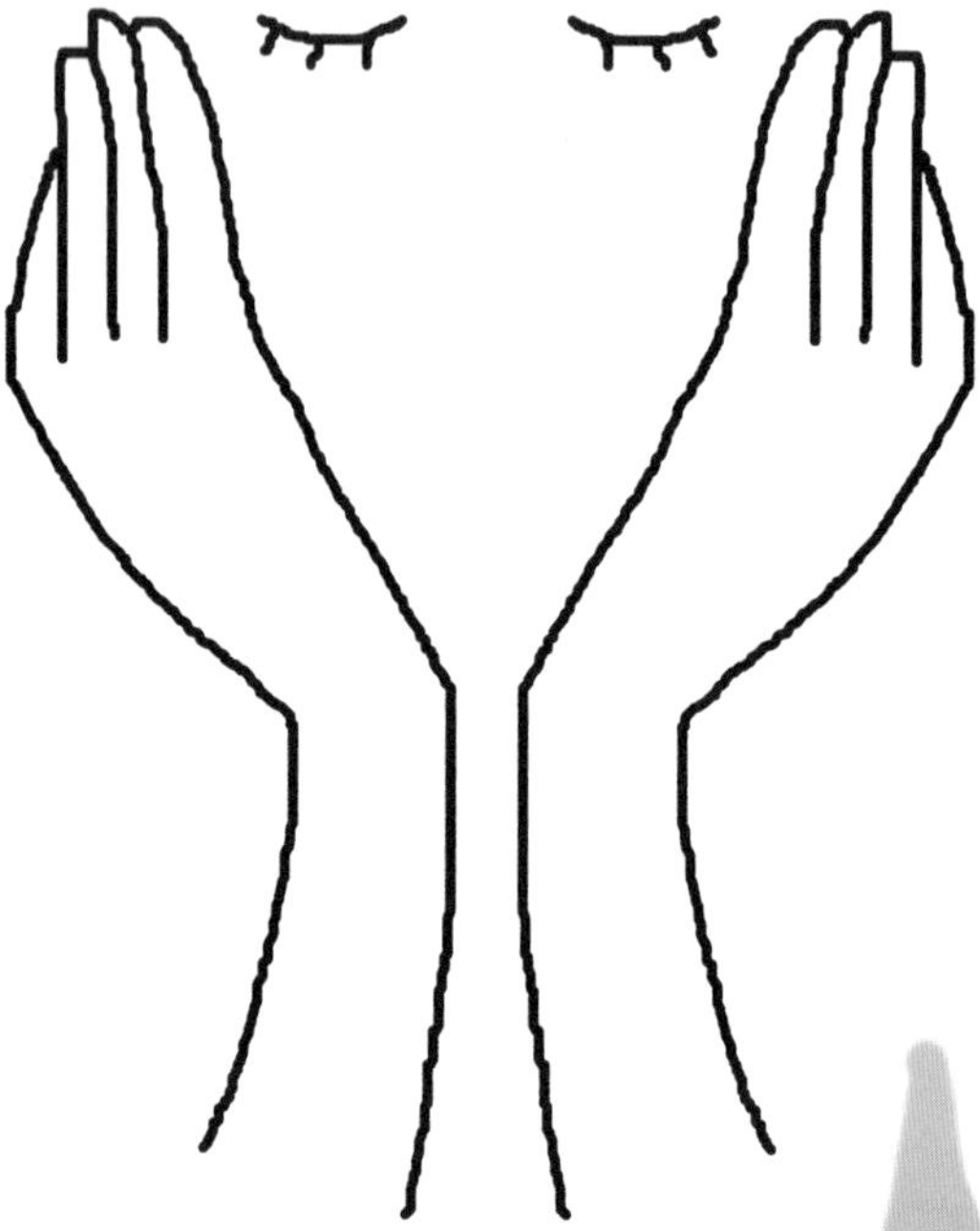

浜本京子

はまもと・きょうこ

同志社大学、アンドーバーニュートン神学校で学ぶ。牧会博士（D.Min.)。日本とアメリカの病院やホスピスでチャプレンとして働く。チャプレン協会認定チャプレン（BCC, Association of Professional Chaplains　アメリカ)。現在、淀川キリスト教病院チャプレン。日本基督教団牧師。

泣くこころ――イエスの涙

医療系チャプレンの働きから

泣き虫

私は子どものころから泣き虫で、いたるところで泣いた。道端で転んでは泣き、誰かに起こしてもらっては泣き、慰められては泣く。自分が留守番をしていることを忘れ、家中母をさがして泣き、帰ってきた母を見て「ちょっと出かけるっていったでしょ」と叱られて泣く始末であった。

こうして大人になると、幾分自分の涙腺をコントロールできるようになる。そうそう人前で泣かなくなった。しかしどうも家族や近しい友人たちの前では涙腺が緩む。教会で大好きな讃美歌が流れるとその響きに感動し、話しながら感極まる。まわりには本当に迷惑だと思う。当の本人はその瞬間、もうこのまま早く消えうせてしまいたいほど恥ずかしい。鼻はまっかとなり、化粧も落ちている。

これまでこの泣き虫をどうにかして克服できないものかと、ことあるごとに考えてきた。そしてこれはどうも、泣くたびに亡き父から「泣くな」と叱られていたことに一因があるのではないかと思うに至った。父は小さな我が子が泣いているのを見るのはいたたまれなかったのだろう。落ち着いて娘の話を聞いて慰めるよりも、自分が辛《つら》くてどうしても先に「泣くな」と叱ってしまう。ある意味とても不器用な父だったわけだが、当時の幼い私がそのような父を慮《おもんぱか》れるはずがない。泣けば叱られ、気持ちの行き場を失ってますます泣いた。少し知恵がつき始めると、自分に都合が悪いことはすべて泣いて訴えるというような手段も覚えてしまった。

ところがこの泣き虫に転機が訪れる。チャプレンの訓練のためアメリカに赴いた二十代、クラウディアという先生に出会った。彼女は私の訓練の指導者で、年齢は母くらい、カトリックのシスターだった。そのころの私はというと、はじめてのアメリカで言葉は不自由、食べ物も合わず、このまま生活していけるのだろうかと、緊張と不安ばかりの毎日だった。そんな私を辛抱強く指導し、親身になって話を聞いてくれたのがクラウディアだった。彼女の前では言葉にならないいろんな思いが湧き上がりよく涙した。

そんな私にある日彼女がこう言ったのである。「私はきょうこの涙が好きよ。それは神さまからの宝です。誰もうそ泣きはできません。涙は本当のあなたそのもの」

これには目からうろこだった。私の涙を宝だという。これまで一度もそんなふうに考えたことはなかった。一瞬自分が聞いた英語が間違っているのではないかと疑ったが、確かに先生はそう言っている。何か急にゆるされたような気持ちになった。これまで私の中にあった「泣くな」という掟が、「そうか、泣いてもいいのだ」に置き換わった。

すると不思議なものである。この泣き虫が途端にいろんなことで泣かなくなった。また涙したとしても、気持ちよく泣く。そして自分の気持ちを言葉にして伝えていくことを学んでいった。うれしい時、悲しい時、悔しい時、腹が立つ時に流れる自分の涙を自分で責めなくなった。

泣く場所のない病院

「病院には患者や家族が泣く場所がないのよね」と、友人が入院した時の体験を話してくれたことがある。彼女は乳がんの経験者だ。この友人曰《いわ》く、最近はインフォームドコンセントと言われるように、医療者は患者や家族にこれからの治療や可能性について丁寧に説明してくれる。専門用語をあまり使わず、平易な表現で説明してくれるが、話を聞きながら患者や家族の頭の中はほぼ真っ白になっている。医師との面談が終わった後、患者はぽつねんと考える。言われた言葉に一喜一憂し、説明された治療の選択肢にますます頭が混乱してくる。これから自分や家族がどうなるのか不安になる。わが身の無力さを感じ、どうしてこんな病気になってしまったのかと行き場のない怒りすら込みあげてくる。

「皮肉なことに」と友人は言う。「こんな患者の思いをよそに、どんどん進んでいくのが入院生活なのよ」。次の日、時間になれば、病院のスタッフは待ったなしに自分のベッドのそばに立っている。薄いカーテン越しに声をかけられれば、流れる涙をぬぐい、何もなかったかのような顔をして治療や検査に向かう。入院の一日は長い。にもかかわらず、患者が安心して自分をふりかえる空間や時間は、ありそうでない。

そんな中でいつも不思議に思ってきたことがある。それは、患者やご家族が初めて出会った私の前で、何かホッとされたように、涙しながら話しだされることがあるのだ。

確かにチャプレンは、他のスタッフのように、何か特定の決められた「仕事」を患者訪問に持ち込むわけではない。看護師のように、定期的に患者の体温や血圧を測らなければいけないわけではないし、薬剤師のように薬の指導をしなければいけないわけでもない。さらに、聴診器や検査器具、薬など、他のスタッフなら持っていく仕事道具すら持っていない。空っぽの手と、こころひとつで人々に出会い、その体験を受け取っていく。たとえ同じ病名、同じ検査、同じ治療であったとしても、一人ひとりの体験は異なるものだ。だからまず、その人の中で起きていることに関心を持ち、語られる言葉に耳を傾ける。今感じていること、考えてきたこと、これからの希望、大切なものを一緒に探す。そのユニークな体験に言葉が与えられていくのをチャプレンは助けていく。なぜなら本人にとってそれは生きる力になるからだ。

このある意味無防備で、何も持たないチャプレンのスタンスが、どうも患者やご家族に、他のスタッフの前とは違う安心感とこころの自由を与えているようだ。病院という涙の流せない場所で、チャプレンは人々と出会っている時間を、その人が安心して自分自身を振り返る空間にかえていると言ってもいいかもしれない。

キリストの涙

「イエスは涙を流された」(ヨハネ11・35)。

ギリシア語で冠詞をいれても三語という、新約聖書の中で最も短い聖句。どうしてイエスは涙を流したのか。

出来事を聖書はこう伝えている。姉妹マルタとマリアの兄弟ラザロが重い病にかかった。ラザロはイエスの友であった。姉妹は兄弟ラザロをどうにか救いたいと願い、イエスのもとに人を送った。しかしイエスが到着した時には、すでにラザロは亡くなっており、墓に葬られ四日もたっていた。マルタはイエスに、「主よ、もしここにいてくださいましたら兄弟は死ななかったでしょうに」と嘆く。おそらくイエスの到着を待つ間、この姉妹が何度もつぶやいた言葉だっただろう。家にはたくさんの人が姉妹を慰めようと集まっていた。そのような時マリアはイエスのもとへと駆け出す。人々も同様にマリアについて行き、イエスの前で、マリアと共に泣きだすのである。

「泣く」と訳されたこの言葉は、「泣き叫ぶ」という意味に近いという。人々はイエスの前で泣き叫んだのだ。イエスはそのような人々を見て、「心に憤りを覚え、興奮」される。心が激しく揺さぶられ、何か言葉にならない思いが湧き上がってきている様子を思わせる。イエスは「どこに葬ったのか」と人々にたずねる。彼らはラザロの墓を見せ、それを見たイエスは涙を流すである。

「イエスは涙を流された」。これははらはらとこぼれ落ちる涙を言う。単に愛する友を失った悲しみだけではない。なぜ自分が救うことができなかったのかという悔いだけでもない。愛する者を失って悲しみに打ちのめされる人々の姿を見て、これほどまでに人間を支配する「死」の力に、イエスは憤って涙するのである。

この「死」という人間の現実に挑戦するため、イエスはラザロの墓の中へと向かう。聖書は、イエスが再び心騒がせ、ラザロを墓の中から復活させたと伝えている。

涙に宿るあたたかさ

聖書が伝えるイエスの涙はなんと複雑なのだろう。私たちの涙にも様々な理由があることを教えてくれる。涙を流しているからといって、単に悲しんでいるとは言えない。言葉にならない怒りや嘆き、寂しさや悲しみの涙、驚きの涙、悔いの涙もあれば、喜びや感動の涙、感謝の涙がある。この世や愛する者を思って流す涙もあれば、自分自身のために流す涙もあるだろう。流れる涙の理由を知る時、私たちは本当にその人のこころに届くことができる。どんな涙も人のいのちが通っている。

私ははらはらとこぼれ落ちたイエスの涙に、キリストが確かに私たちと同じようにこの地を生きて歩まれた体温のようなものを感じる。そのあたたかさに今日も救われる思いがする。そしてこの泣き虫が流す自分の涙に、また人々の涙に出会うたびに、あのキリストの涙のあたたかさを思う。クラウディアが私に言ってくれた「宝」の意味を噛《か》みしめる。死という避けられない現実を前に、再び人にいのちを与えるために立ち上がったキリストが、私たちの涙の理由を知っていてくださる。そのキリストゆえに、私たちの涙が真にぬぐわれていくのを感じる。

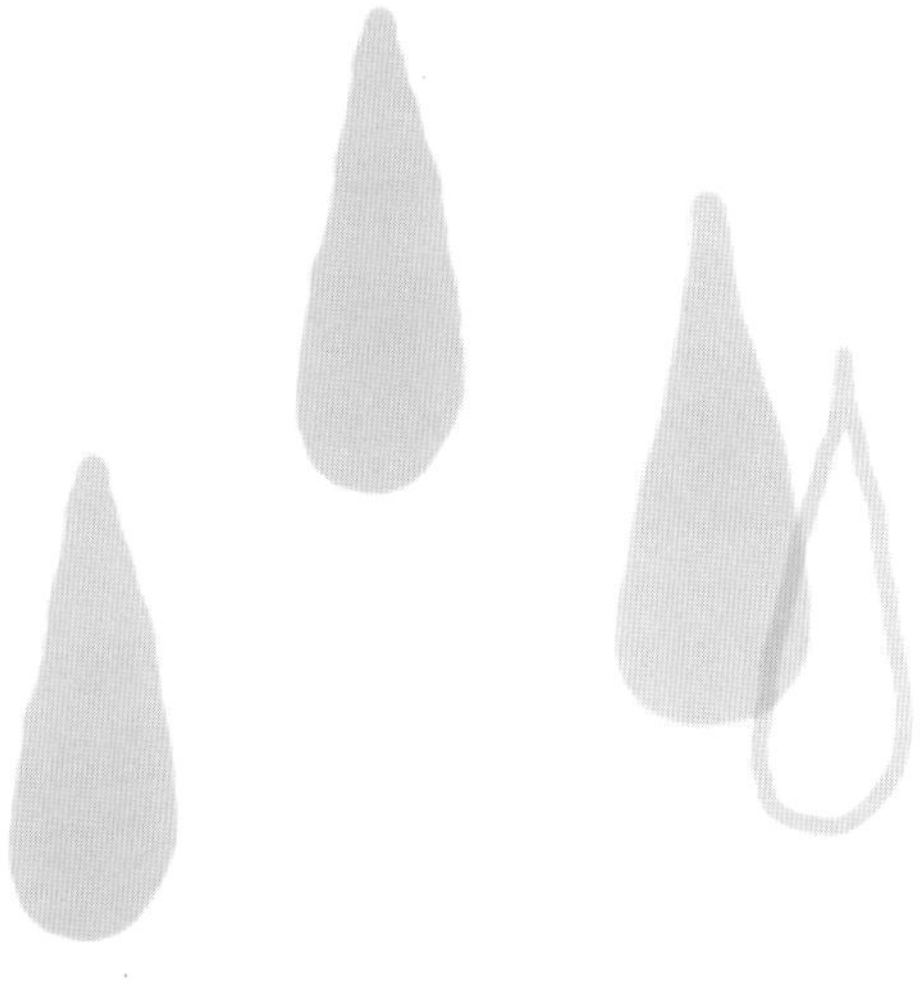

説教のために召されて生きる

【シリーズ・日本の説教者】再録

追悼特集

加藤常昭インタビュー

（説教塾主宰）

かとう・つねあき
1929年、ハルピン生まれ。東京大学文学部哲学科、東京神学大学大学院修士課程卒業。石川県金沢、東京、鎌倉の日本基督教団諸教会で牧師を務める傍ら、23年間、東京神学大学教授（実践神学）を兼務。その間、津田塾大学講師、ハイデルベルク大学客員教授、国際説教学会会長などを歴任。現在、日本基督教団隠退教師。「説教塾」主宰として、後進の説教者の育成に力を注ぐ。著書は、『加藤常昭説教全集』（教文館）、『文学としての説教』（日本キリスト教団出版局）、『自伝的説教論』（キリスト新聞社）など多数。

雑誌「Ministry」の連載「シリーズ・日本の説教者」で
2009年春号にご登場いただいた加藤常昭さんが、
2024年4月26日に亡くなった。
故人を偲んで創刊号のインタビューから抜粋して掲載する。

（聞き手・越川弘英、平野克己／撮影・山名敏郎）

神学者、伝道者、隠退教師――どの肩書きも、その働きを表現するにはどこか物足りない。「主宰」として関わる説教塾は、２００７で発足以来20周年。自身は４月で満80歳を迎える。東京説教塾ではこれを記念し、毎月１回の連続公開セミナーが開かれている。今日、その著訳書が最も広く読まれている「説教者」の１人、加藤常昭の素顔に迫るため、国分寺戸倉の自宅を訪ねた。

伝道者の好奇心

神学と説教との関係性については、「説教なくして神学は成り立たない」というのが加藤の持論だ。中世の神学者トマス・アクィナスが故郷ナポリの教会で説教をした時、地元の泥棒が喜んだという逸話がある。人々が皆、教会に出かけて家を空けるのだ。ナポリの民衆がトマスの説教を涙ながらに聞いた。ルターはもちろんカルヴァンも、優れた神学者は皆、優れた説教者でもあった。

「神学校の教室で学んだとおりのことを説教して説教になるようでなければ、本当は困る。実用的な目的などを押しつけられたら学問性が崩れるわけですが、実践神学の立場から言うと、説教の役に立たないような神学の学問性って何ですかと……。そういう問題にまで行くと思います」

その追及の矛先は、今日の神学教育にも向けられている。「学問は退屈だというのは、学問としての自己矛盾。バルトの『教会教理学』なんて難解だけど、読むと興奮しますよ。福音の真理とはエキサイトさせるものです。そういうのが非常に優れた学問の特質です。単に感情的に興奮するというよりも、好奇心がかき立てられるんですね。神学校での講義は、どんなに学問的であっても、伝道者になろうとする者の好奇心を呼び起こすものであるべきで、そうでなければ、やっても意味がない。せいぜい学位をとりました程度のことになってしまう」と手厳しい。

それを裏打ちしているのが、東京神学大学で出会った恩師たちによる授業の思い出だ。たとえば、信濃町教会牧師の山谷省吾。山谷は山上の説教の講解をした際、「日ごとの糧」というのは「要するにニコヨンだ」と教えた。「ニコヨン」というのは、当時の日雇い労働者の日給２４０円のこと。「指を突き出して『神さま、２４０円！』という祈りだ、と。ただ面白いというだけでなく、この先生の信仰が存在化しているのが伝わってきて、何より嬉しそうに語っていること自体が感動でした」

加藤自身にも似たような体験があった。説教塾で、さまざまな注解書を読みながら釈義をしてみせた時のこと。後日、ベテランの牧師が長い手紙をくれた。「先生が楽

しそうに注解書の話をしたので驚いた。私にとって説教準備の間に注解書を読むというのは、必要だからやっていることで、砂を噛《か》むような思いの作業だ」。加藤は、「砂を噛むような思いでしかできない釈義の作業など、釈義の名に値するのか」と逆に驚いたという。

「要するに、私は伝道することが楽しいんです。伝道者は、伝道の使命に役に立つものについては何にでも好奇心を持つ。だから、神学にも、説教にも、人間にも関心を持っている。そのために召されて生きているんです」

牧師としての危機

しかし、そんな加藤にも、牧師としての危機が訪れたことがある。金沢に赴任して2、3年目のころ。先輩牧師たちから「説教は命がけだ」と言われながら、次第に命をかけなくても説教できると思うようになってきた。特に、毎日のように誰かを訪ねる伝道の日々にあって、説教の準備がままならない日もあった。しかし――「こんなひどい説教をしたから、次の日曜日は誰

も来ないんじゃないかと思っていると、翌週も変わらず来てくれる。複雑でした」。説教への不誠実さに慣れてきた自分が怖くなり、牧師を辞めざるを得ないと思いつめた。ついには、妻にも言えない深い悩みになっていた。

　その危機を救ってくれたのが、エードゥアルト・トゥルンアイゼンの『牧会学』。上京して教文館の書棚に見つけ、実践神学の師であった平賀徳造が牧会学講義の中でそれを「良い本だ」と薦めていたことを思い出し、迷わず購入した。帰宅後、我を忘れてむさぼるように読み、翻訳まで手がけた。

「本当に立ち直りましたよ。書物というのは大きな働きをする、出会いの出来事を作るものだということをしみじみ思いました」。それから後、小さな危機はいくつもあったが、牧師を辞めようと思ったのは後にも先にもこの時だけだという。

「加藤流」説教ができるまで

　2階の仕事部屋には、壁一面に注解書、神学書、辞典の類いがずらりと並ぶ。階段

には、これまでに出会った恩師たちの写真が飾られ、来客を歓迎する。地下に降りると、貴重な蔵書の数々が整然と並べられた書庫が広がる。この空間から、どのように「加藤流」説教が生まれるのだろうか。

加藤は、説教の原稿をほとんど書かない。かつて、日本基督教団鎌倉雪ノ下教会で講解説教をしていたころに原稿を書いたこともあったが、多くの場合、今回同様、持参するのは小さなメモ1枚。しかも、それすらほとんど見ないで語る。「特に伝道説教というのは、聞いている人の顔を見ながら、やりとりをする。そのダイナミックな動きの中に身を置くためには、原稿を読んでなんかいられません」

メモには、大まかな話の流れ、引用する人の名前、年代、正確に引用すべき文章などが書かれている。

しかし、この「メモ原稿」に至るまでには、あるいきさつがあった。結婚して間もなく、「最良の聞き手」と加藤も認める妻さゆりに、「あなたは原稿をひたすら読んで説教したつもりになっているけれど、私たちはみんな取り残されている」と指摘された。「これは痛烈でしたよ。妻が私の説教について口を出したのは、これが最初で最後です」

さらに源流をたどれば、「竹森流」の説教原稿がある。竹森は、小さな手帳を聖書の上に置いて説教をしていた。ある時、竹森が置き忘れた手帳の中をこっそりのぞき見ることができた。すると、そこに書かれていたのは、ほんの少しのメモ書きのみ。「これだけであんな説教ができるんだ」。この体験が衝撃となり、その後の説教作りに大きな示唆を与えることになった。

では、メモを書くまで、どんな準備をしているのか。まずは、持っている限りの注解書を読む。さらに、聖書の翻訳を読む。ルターのドイツ語訳、フランシスコ会訳、個人訳。旧約聖書の場合、関根正雄訳は必ず読む。それからドイツ語の黙想の文章を数多く読み、自分の黙想に入るが、基本的には書かない。とにかく、み言葉を聴き続け、思索を深める。

　一貫しているのは、書斎に入って準備するのではなく、常日頃から準備するという姿勢。「説教で取り上げる旧約と新約のテキストは、いつも頭の中に入れて反芻《すう》しています。特に電車の中はいい。黙想のみ言葉にさわるというか、み言葉にさわられると言ったほうがいいような時間を過ごせます」。まさに24時間、み言葉と「共に」生きることが、説教の準備には欠かせないと加藤は言う。

　では、指導者としてどのように教えているのだろうか。説教史に残る優れた説教者たちは、意外に原稿を読んでいる場合が多いという。名説教者ニューマンは、説教壇に上がるなり、下を向いて原稿を読み始める。それが1千人もいる会衆の一人ひとりの心の奥底に届いたという説教の聴聞記録もある。「結局、問題は、原稿をどう書くかではなく、その人がいかに最善の仕方でみ言葉を説くことができるかということ。だから、原則は立てない。その上で、書斎だけで準備するな、できるだけ聴き手に向かって話せ、と指導しています」

　ある時、こんな説教があった。話し言葉で書かれた説教原稿はよくできているが、実際に聞いた説教は、原稿を読んだ時ほど感銘を与えていない。「説教は一種の『出来事』です。それを原稿で固定化してしまうと、いかに話し言葉で書かれていても『出来事』の言葉にならない。原稿の中ですでに固定化していると、相手を動かせません」

＊全文は同シリーズを単行本化した『聖書を伝える極意　説教はこうして語られる』（キリスト新聞社）に収録。

別冊 Ministry ミニストリー 2024 6

編集後記

15年前に創刊した『Ministry』を読み返すと、今では珍しくもないような一つひとつの出来事が当時はかなり画期的だったのだと改めて思う。教派や学閥、世代を超えて多くの編集委員、スタッフの方々にもご協力いただき、取材対象をクリスチャン以外にも広げてさまざまな角度から目の前の課題に斬り込んだ。

この間、ノンフィクション作家の最相葉月さんによる『証し』(KADOKAWA) が注目を集めた。延べ135人の牧師や信徒から聞き書きした1000ページを超える「証し」の数々。私たちのキリスト教出版界こそが取り組むべき企画ながら、私たちでは決してあのような本にはできなかったであろうことが容易に推察できる。この違いは何か。私たちはキリスト教の表面だけを予定調和的になぞるのではなく、教会の現場、牧会の現場で呻《うめ》き、嘆き、のたうち回る人々の声にこそ、もっと耳を傾け、目を向けるべきではないのか。

「休刊から2年で復刊?」といぶかしがる声もあるだろうが、あくまで「別冊」という名の臨時増刊。今はまだ「次号」の予告ができる余裕もない。書店が減り、雑誌や新聞が消え、短大・大学、修道会が相次いでその働きを終えている。しかし、使命は変わらず残り続ける。紙が廃《すた》れることはあっても、神が廃れることはない。　（松谷）

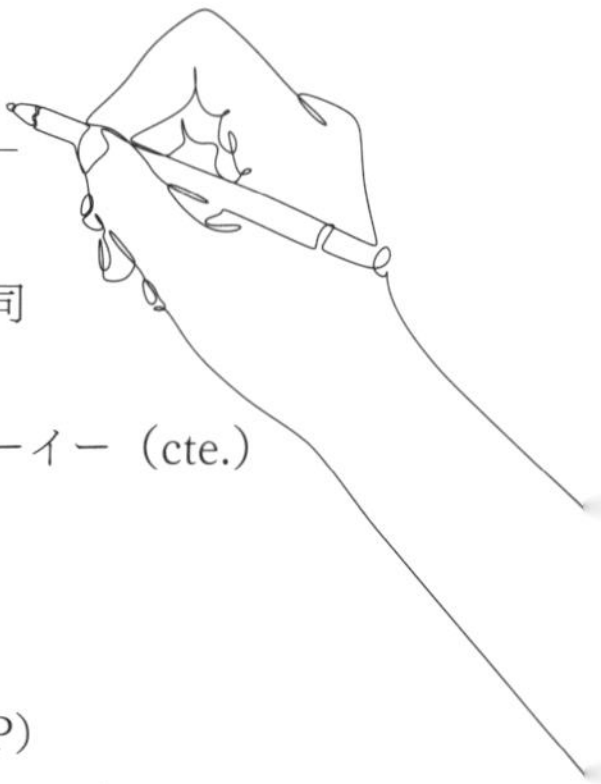

YouTube 動画のご案内

過去のバックナンバーから付録DVDに収録した動画をYouTube上で公開しています。
個人、教会などの研修で広くご活用ください。

ざっくりわかる神学講座（全10回）

「シリーズ・日本の説教者」
インタビュー（全13本）

「いのフェスチャンネル」で検索

発行人・編集長　松谷信司
デザイン　大久保美和
組版　株式会社シーティーイー（cte.）
編集協力　佐々木炎
富張　唯
福島慎太郎
佐山拓郎（SIP）
広報　岩倉正美
福士　堅
印刷　新生宣教団

発行所　キリスト新聞社
〒162-0814　東京都新宿区新小川町9-1
キリスト教文書センタービル4階
電話　03-5579-2432